해탈과 편안으로 이끄는 견성에 대한 가르침

우리말 육조단경

지은이: 김성규
펴낸이: 심진희

초판 1쇄 인쇄: 2016년 6월 25일
초판 1쇄 발행: 2016년 6월 30일

등록번호: 제2014-4호
등록일자: 2014년 3월 18일
ISBN: 979-11-953733-3-8

주소: 대구시 남구 대명역1길 11
Tel (053) 621-2256, Fax (053)624-3559
E-mail: tongsub2013@daum.net
www.tongsub.com

값: 20,000원

우리말 육조단경

돈황본 육조단경

경의 구조

서분 --- 서언
본론
육조혜능의 행적 및 불연
법문을 설함
법에 대한 물음 및 대답
법을 전함
유통분 --- 후기

목 차

서문 7
서언 序言 9

I. 육조혜능의 행적 및 불연

1 스승을 찾아감尋 師 11
2 게송을 지으라 이르심命 偈 13
3 신수神 秀 15
4 게송을 바침呈 偈 18
5 법을 받음受 法 21
5 보. 보림保 臨 24

II. 법문을 설함

6 정혜定 慧 25
7 무념無 念 28
8 좌선坐 禪 31
9 삼신三 身 34
10 네가지 원四 願 38
11 참회懺 悔 40
12 삼귀의三 歸 41
13 성공性 空 43
14 반야般 若 45
15 근기根 機 48
16 견성見 性 50

17 돈오頓 悟 51
18 죄를 없앰滅 罪 54

III. 법에 대한 물음 및 대답

19 공덕功 德 (위사군이 물음) 57
20 서방극락西 方 59
21 수행修 行 63
22 교화를 행하심行 化 (소주와 광주에서 40년 교화) 68
23 단박에 닦음頓 修 (신수와 혜능과의 관계) 70
24 부처님의 행佛 行 (법달이 법화경에 대해서 물음) 74
25 예배하고 법을 물음參 請 (지상과 신회가 와서 물음) 79

IV. 법을 전함

26 상대법對 法 81
27 참됨과 거짓眞 假 87
28 게송을 전함傳 偈 91
29 법을 전한 계통傳 統 97
30 참 부처眞 佛 100
31 멸도滅 度 105
　　후기後 記 107

부록_육조단경 강의록 111

서 문

2015년 11월에 시작한 육조단경 강의가 7개월 만에 끝났습니다. 강의의 교본은 돈황본 육조단경입니다. 덕분에 겨울이 어떻게 지났는지 모르게 봄이 오고 오월이 되었습니다.
무념, 무상, 무주, 무심, 내외명철, 돈오, 견성 등을 이해하기 쉽게 전하려고 그림을 그려 설명을 하였고 부록편에 강의 노트를 첨부하였습니다. 인연 있는 사람들 모두 공부 잘 했으면 좋겠습니다.

육조단경은 여러 가지 의미를 가지고 있습니다.
경은 부처님께서 설하신 것을 말합니다. 1200년 후 중국 혜능대사가 설한 것을 경이라 이름 붙인 것은 부처님의 깨침으로 성립한 불교의 탄생과 버금가는 중요한 의미를 가지고 있습니다.
모든 경전이 인도의 옷을 입고 있다면 육조단경은 중국의 옷을 입고 있습니다. AD 67년에 불교가 중국에 전래 된 이래 600년이라는 장구한 세월을 거치면서 중국에 토착화 된 새로운 불교의 탄생을 의미합니다.
육조단경은 토착화 된 중국 문화권과 융합된 새로운 불교를 완성시킨 것입니다. 근본불교, 부파불교, 대승불교, 밀교의 인도를 거쳐 중국에서 꽃 핀 육조단경은 새로운 불교의 흐름인 선불교의 창출을 의미합니다.
돈황본 육조단경의 한문의 잘못된 표기를 바로 잡았으며 내용 전개로 보아 견성한 순간과 견성하고 난 뒤의 보림에 대한 미흡한 부분을 외람되게 보충하였습니다.
우리말 육조단경으로 말미암아 인생의 새로운 빛을 찾을 수 있기를 간절히 기원합니다.

부처 꽃은
때도 곳도 없이 피는데
할!

2016년 5월 28일
淨名 김성규

서 언(序言)

혜능대사가 대범사 강당의 높은 법좌에 올라 마하반야바라밀법을 설하고 무상계를 주니, 그때 강당에는 비구, 비구니, 도교인, 일반인 등 일 만여 명이 있었다. 소주 자사 위거와 여러 관료 삼 십여 명과 유가의 선비 몇몇 사람들이 대사에게 마하반야바라밀법을 설해 주기를 함께 청하였고, 자사는 문인 법해로 하여금 법문을 모아서 기록하게 하였다.
이때 설해 진 법문을 「육조단경」이라 하여 후대에 널리 전도하여 도를 배우는 사람들이 함께 이 종지를 이어받아서 서로서로 전수하였으며, 도를 구하는 자는 이 단경에 의지하여 이루는 바가 컸다.

惠能大師(혜능대사) 於大梵寺講堂中(어대범사강당중) 昇高座(승고좌) 說摩訶般若波羅蜜法(설마하반야바라밀법) 授無相戒(수무상계) 其時座下(기시좌하) 僧尼道俗一萬餘人(승니도속일만여인)
韶州刺史韋據(소주자사위거) 及諸官僚三十餘人(급제관료삼십여인) 儒士餘人(유사여인) 同請大師說摩訶般若波羅蜜法(동청대사설마하반야바라밀법) 刺史遂令門人僧法海集記(자사수령문인승법해집기)
流行後代(유행후대) 與學道者(여학도자) 承此宗旨遞(승차종지체) 相傳授有所依約以爲稟承說此(상전수유소의약이위품승설차) 壇經(단경)

1. 스승을 찾아감(尋師)

(1-1) 혜능대사가 말씀하였다.
"선지식들아, 마음을 깨끗이 하여 마하반야바라밀법을 생각하라!"
대사께서는 말씀하지 않고 스스로 마음과 정신을 가다듬고 한참 동안 묵묵한 다음 이윽고 말씀하였다.
"선지식들아, 조용히 들어라. 혜능의 아버지의 본관은 범양인데 좌천되어 영남의 신주 백성으로 옮겨 살았고 혜능은 어려서 아버지를 여의었다. 살기가 힘들어 늙은 어머니와 외로운 아들은 남해로 옮겨 와서 장터에서 땔나무를 팔며 가난하게 살았다."
어느 날 한 손님이 땔나무를 샀다. 혜능은 관숙사(官宿舍)까지 나무를 가져다 주었고, 나무 값을 받고 문을 나서려 하는데, 때마침 한 손님이 「금강경」을 읽고 있었다. 혜능은 한 번 들음에 마음이 밝아져 문득 깨치고, 이내 손님에게 물었다.
"어느 곳에서 오셨습니까? 지금 읽고 있는 그 경전은 무엇입니까?"
손님이 대답하였다.
"나는 기주 황매현 동빙무산에 계시는 오조 홍인대사를 찾아 뵈었는데, 지금 그곳에는 제자가 천 명이 넘습니다. 나는 그곳에서 오조대사가 승려와 속인들에게 방금 내가 읽은 이 「금강경」 한 권만 지니고 읽으면 곧 자성을 보아 바로 부처를 이루게 된다고 권하는 것을 들었습니다."
그 말을 들은 혜능은 숙세의 업연이 있어서, 곧 바로 어머니가 생활할 수 있도록 준비를 해놓고 황매의 빙무산으로 가서 오조 홍인대사를 찾아 뵈었다.

(1-2) 홍인대사께서 혜능에게 물었다.
"너는 어느 곳 사람인데 이 산까지 나를 찾아 왔으며, 나를 찾아온 목적이 무엇이냐?"

혜능이 대답하였다.

"저는 영남 사람으로 신주의 백성입니다. 지금 멀리서 와서 대사님을 찾아 뵌 것은 오직 부처 되는 법을 구할 뿐입니다."

홍인대사께서는 혜능에게 꾸짖듯이 말씀하였다.

"너는 영남 사람이며, 오랑캐인데 어떻게 부처가 될 수 있단 말이냐?"

혜능이 대답하였다.

"사람에게는 남북이 있으나 부처의 성품은 남북이 없습니다. 오랑캐의 몸은 스님과 같지 않으나 부처의 성품에 무슨 차별이 있겠습니까?"

홍인대사는 더 이야기하고 싶었으나, 좌우에 제자들이 둘러 서 있는 것을 보고 더 말씀하지 않았다.

그리고 혜능을 내보내 대중을 따라 일하게 하니, 그때 혜능은 행자가 이끄는 대로 방앗간으로 가서 여덟 달 동안 방아를 찧었다.

하루는 홍인대사가 방앗간 앞을 지나가면서 일하고 있는 혜능에게 물었다.

"방아를 잘 찧고 있느냐?"

혜능이 대답하였다.

"방아를 벌써 다 찧어 놓고 키질만 남았습니다."

一. 尋 師

(1-1)能大師言 善知識 淨心 念摩訶般若波羅蜜法 大師不語 自淨心神 良久 乃言 善知識 靜聽 惠能慈父 本官 范陽 左降遷流嶺南新州百姓 惠能幼小 父小早亡 老母孤遺 移來南海 艱辛貧乏於市賣柴 忽有一客 買柴 遂領惠能 至於官店 客將柴去 惠能 得錢 却向門前 忽見一客 讀金剛經 惠能 一聞 心明便悟 乃問客曰 從何處來 持此經典 客 答曰 我於蘄州 黃梅縣東憑茂山 禮拜五祖弘忍和尙 見今在彼 門人 有千餘衆 我於彼聽見大師勸道俗 但持金剛經一

卷 卽得見性 直了成佛 惠能 聞說 宿業有緣 便卽辭親 往黃梅憑茂山 禮拜五祖弘忍和尙

(1-2)弘忍和尙 問惠能曰 汝何方人 來此山 禮拜吾 汝今向吾邊 復求何物 惠能 答曰 第子是嶺南人 新州百姓 今故遠來 禮拜和尙 不求餘物 唯求(作)佛法 大師遂責惠能曰 汝是嶺南人 又是獦獠 若爲堪作佛 惠能答曰 人 卽有南北 佛性 卽無南北 獦獠身 與和尙 不同 佛性 有何差別 大師欲更共議 見左右在傍邊 大師更不言 遂發遣惠能 令隨衆作務 時有一行者 遂差惠能於碓房 踏碓八箇餘月

2. 게송을 지으라 이르심(命偈)

(2-1) 오조 홍인대사께서 하루는 제자들을 불러 놓고 한 말씀하였다.
"내 너희들에게 말하니, 공부인에게는 나고 죽는 일이 크거늘 너희들은 종일토록 공양하며 다만 복 밭만을 구할 뿐 나고 죽는 괴로운 바다를 벗어나려고 하지 않는다. 너희들의 자성이 미혹하면 복의 문이 어찌 너희들을 구제할 수 있겠느냐? 너희들은 모두 방으로 돌아가 스스로 잘 살펴보아라.
지혜가 있는 자는 본래의 성품인 반야의 지혜를 스스로 써서 게송 한 수를 지어 나에게 가져오너라. 내가 너희들의 게송을 보고 본래 성품을 본 자가 있으면 그에게 가사와 법을 부촉하여 육대의 조사가 되게 하리니, 어서 빨리 서두르도록 하라."

(2-2) 제자들은 스승의 말씀을 듣고 각자 방으로 돌아가 서로 말하였다.
"우리는 마음을 가다듬고 뜻을 써서 게송을 지어 스승님께 바칠 필요가 없다. 교수사인 신수상좌가 법을 얻은 후에는 신수상좌에게 의지하게 될 것이니 굳

이 게송을 지을 필요가 없다." 다른 제자들은 생각을 쉬고 감히 게송을 지으려고 하지 않았다.

그때 화공 노진이 홍인대사의 방 앞에 있는 세 칸이나 되는 복도에 '능가변상'과 오조대사가 가사와 법을 전수하는 그림을 그려 후대에 전하여 기념하고자 벽을 살펴보고서 다음 날 착수하려고 하였다.

二. 命偈

(2-1) 五祖忍於一日(오조인어일일) 喚門人盡來 門人 集訖(환문인진래 문인집흘) 五祖曰(오조왈) 吾向汝說 (오향여설) 世人 生死事大(세인 생사사대) 汝等門人(여등문인) 終日供養(종일공양) 只求福田 不求出離生死苦海(지구복전 불구출리생사고해) 汝等自性 迷 福門 何可救汝(여등자성 미 복문 하가구여) 汝憁且歸房自看(여총차귀방자간) 有智惠者 自取本性般若之知(유지혜자 자취본성반야지지) 各作一偈呈吾(각작일게정오) 吾看汝偈 若悟大意者(오간여게 약오대의자) 付汝衣法 稟爲六代 火急急(부여의법 품위육대 화급급)

(2-2) 門人 得處分 却來各至自房(문인 득처분 각래각지자방) 遞相謂言 我等不須呈心用意作偈(체상위언 아등 불수정심용의작게) 將呈和尙(장정화상) 神秀上座 是敎授師(신수상좌 시교수사) 秀上座得法後 自可依止 請不用作(수상좌득법후 자가의지 청불용작) 諸人 息心(제인 식심) 盡不敢呈偈(진불감정게) 時大師堂前(시대사당전) 有三間房廊 於此廊下 供養(유삼간방랑 어차랑하 공양) 欲畵楞伽變 倂畵五祖大師(욕화능가변병화오조대사) 傳授衣法 流行後代 爲記(전수의법 유행후대 위기) 畵人 盧珍看壁了(화인 노진간벽료) 明日下手(명일 하수)

3. 신 수(神秀)

(3-1) 신수상좌는 생각하였다.
'모든 사람이 마음의 게송을 바치지 않는 것은 내가 교수사이기 때문이다. 내가 만약 마음의 게송을 바치지 않으면 스승님께서 나의 마음속의 견해가 얕고 깊음을 어찌 알겠는가. 내가 마음의 게송을 스승님께 올려 뜻을 밝혀서 법을 구함은 옳지만, 조사의 지위를 넘봄은 옳지 않다. 도리어 범인의 마음으로 성인의 지위를 빼앗음과 같다. 그러나 마음의 게송을 바치지 않으면 법을 얻지 못할 것이다. 아무리 생각해봐도 참으로 어려운 일이었다. 밤이 삼경에 이르면 사람들이 보지 못할 것으로 생각하고 남쪽 복도의 중간 벽 위에 마음의 게송을 지어서 써 놓고 법을 구하기로 작정하였다. 만약 스승께서 게송을 보고 당치 않다고 하시면 나의 전생 업장이 두터워서 당연히 법을 얻지 못함이니, 성인의 뜻은 알기 어려우므로 내 마음을 스스로 쉴 것이다.'

(3-2) 신수상좌가 밤중에 촛불을 들고 남쪽 복도의 중간 벽 위에 게송을 써 놓았으나 사람들이 아무도 알지 못하였다. 게송은 다음과 같았다.

몸은 보리의 나무요
마음은 밝은 거울과 같으니
때때로 부지런히 털고 닦아서
티끌과 먼지 묻지 않게 하라.

(3-3) 신수상좌가 이 게송을 써 놓고 방에 돌아와 누웠으나 아무도 본 사람이 없었다.
홍인대사께서 아침에 노화공을 불러 남쪽 복도에 '능가변상'을 그리게 하려다가, 벽에 있는 이 게송을 보았다. 다 읽고 나서 노화공에게 돈 삼만 냥을 주면서 말씀하였다.

"공봉이여, 변상을 그리지 않아도 된다. 「금강경」에 말씀하시기를 무릇 모양이 있는 모든 것은 다 허망하다 하였다. 이 게송을 그대로 두어서 미혹한 사람들로 하여금 외우게 하여, 이를 의지하여 행을 닦아서 삼악도에 떨어지지 않게 하는 것만 못할 것이다. 이 게송에 의지하여 행을 닦으면 사람들에게 큰 이익이 있을 것이다."

이윽고 홍인대사께서 제자들을 다 불러 놓고 게송 앞에 향을 사르게 하니, 사람들이 보고 모두 공경하는 마음을 내자 홍인대사께서 말씀하였다.

"너희들은 모두 이 게송을 외워라. 외우는 자는 자성을 볼 것이며, 이를 의지하여 수행하면 곧 타락하지 않을 것이다."

제자들이 모두 외우고 공경하는 마음을 내어 '훌륭하다!'고 말하였다.

(3-4) 홍인대사는 신수상좌를 거처로 불러서 물었다.

"네가 이 게송을 지은 것이냐? 만약 네가 지은 것이라면 마땅히 나의 법을 얻을 것이다."

신수상좌가 말하였다.

"부끄럽습니다. 실은 제가 지었습니다만 감히 조사의 자리를 구함이 아니오니, 바라건대 스승님께서는 자비로써 보아주십시오. 제자가 작은 지혜라도 있어서 본래성품을 알았습니까?"

홍인대사께서 말씀하였다.

"네가 지은 이 게송은 소견은 당도하였으나 다만 문 앞에 이르렀을 뿐 아직 문 안으로 들어오지는 못했다. 보통 사람들이 이 게송을 의지하여 수행하면 타락하지는 않겠지만 이런 견해를 가지고 위 없는 보리를 찾는다면 결코 얻지 못할 것이다. 모름지기 문안으로 들어와야만 자기의 본성을 볼 수 있다. 너는 우선 돌아가 며칠 동안 더 생각하여 다시 한 게송을 지어서 나에게 보여라. 만약 문안에 들어와서 자성을 보았다면 마땅히 가사와 법을 너에게 부촉할 것이다."

신수상좌는 돌아가 며칠을 지냈으나 게송을 짓지 못하였다.

三. 神秀

(3-1)上座神秀思惟(상좌신수사유) 諸人 不呈心偈(제인 부정심게) 緣我爲敎授師(연아위교수사) 我若不呈心偈(아약부정심게) 五祖如何得見 我心中(오조여하득견아심중) 見解深淺(견해심천) 我將心偈(아장심게) 上五祖呈意 求法卽善(상오조정의구법즉선) 覓祖 不善(멱조불선) 却同凡心 奪其聖位(각동범심탈기성위) 若不呈心 終不得法(약부정심 종부득법) 良久思惟(양구사유) 甚難甚難(심난심난) 甚難甚難(심난심난) 夜至三更(야지삼경) 不令人見(불령인견) 遂向南廊下中間壁上(수향남랑하중간벽상) 題作呈心偈(제작정심게) 欲求於法(욕구어법) 若五祖見偈 言此偈語不堪(약오조견게 언차게어불감) 若訪覓我(약방멱아) 我宿業障重(아숙업장중) 不合得法(불합득법) 聖意難測(성의난측) 我心自息(아심자식)

(3-2)秀上座(수상좌) 三更 於南廊下中間壁上 秉燭題作偈(삼경 어남랑하중간벽상 병촉제작게) 人盡不知(인진부지) 偈曰(게왈)

身是菩提樹(신시보리수)
心如明鏡臺(심여명경대)
時時勤拂拭(시시근불식)
莫使有塵埃(막사유진애)

(3-3) 神秀上座題此偈畢(신수상좌제차게필) 歸房臥 竝無人見(귀방와 병무인견) 五祖平旦 遂喚盧供奉來 南廊下 畵楞伽變(오조평단 수환노공봉래 남

랑하 화능가변) 五祖忽見此偈 讀訖 乃謂供奉曰(오조홀견차게 독흘 내위공봉왈) 弘忍 與供奉錢三十千(홍인 여공봉전삼십천) 深勞遠來(심로원래) 不畵變相也(불화변상야) 金剛經 云(금강경 운) 凡所有相 皆是虛妄(범소유상 개시허망) 不如留此偈(불여유차게) 令迷人誦(령미인송) 依此修行(의차수행) 不墮三惡(불타삼악) 依法修行 人有大利益(의법수행 인유대이익) 大師遂喚門人盡來(대사수환문인진래) 焚香偈前 人衆 入見(분향게전 인중 입견) 皆生敬心(개생경심) 五祖曰(오조왈) 汝等 盡誦此偈者 方得見性(여등 진송차게자 방득견성) 依此修行 卽不墮落(의차수행 즉불타락) 門人盡誦 皆生敬心 喚言善哉(문인진송 개생경심 환언선재)

(3-4) 五祖遂喚秀上座於堂內 問是汝作偈否(오조수환수상좌어당내 문시여작게부) 若是汝作 應得我法 秀上座言(약시여작 응득아법 수상좌언) 罪過(죄과) 實是神秀作(실시신수작) 不敢求祖(불감구조) 願和尙 慈悲看(원화상 자비간) 弟子有小智慧(제자유소지혜) 識大意否(시대의부) 五祖曰 汝作此偈 見卽來到(오조왈 여작차게 견즉래도) 只到門前 尙未得入(지도문전 상미득입) 凡夫依此偈修行(범부의차게수행) 卽不墮落(즉불타락) 作此見解(작차견해) 若覓無上菩提 卽未可得 須入得門(약멱무상보리 즉미가득 수입득문) 見自本性(견자본성) 汝且去 一兩日來思惟(여차거 일양일래사유) 更作一偈(갱작일게) 來呈吾 若入得門 見自本性(내정오 약입득문 견자본성) 當付汝衣法 秀上座去(당부여의법 수상좌거) 數日作不得(수일작부득)

4. 게송을 바침(呈偈)

(4-1) 한 동자가 방앗간 옆을 지나가면서 이 게송을 외우고 있었다. 혜능은 한 번 듣고, 이 게송은 견성하지도 못했고 큰 뜻을 알지도 못한 것임을 알았다. 혜

능이 동자에게 물었다.
"지금 외우는 것은 무슨 게송인가?" 동자가 말하였다.
"행자스님은 모릅니까? 홍인대사께서 말씀하시기를, '나고 죽는 일이 크니 가사와 법을 전하고자 한다.' 하시고, 제자들로 하여금 게송을 한 수씩을 지어 보이라 하였습니다. 큰 뜻을 깨쳤으면 가사와 법을 전하여 육대의 조사로 삼을 것이라 하셨는데, 신수상좌께서 문득 남쪽 복도 벽에 무상게(無相偈) 한 수를 써 놓았습니다. 홍인대사께서 모든 제자가 다 외우게 하고, 이 게송을 깨친 이는 곧 자기의 성품을 볼 것이니, 이 게송을 의지하여 수행하면 타락하지 않게 될 것이다. 라고 하였습니다."

(4-2) 혜능이 대답하였다.
"나는 여기서 방아 찧기를 여덟 달 동안 하였으나 아직 조사당 앞에 가 보지 못하였으니, 바라건대 그대는 나를 남쪽 복도로 인도하여 이 게송을 보고 예배할 수 있게 해 주게. 또한, 바라건대 이 게송을 외워 내생의 인연을 맺어 부처님 나라에 나기를 바라네."
동자가 혜능을 인도하여 남쪽 복도에 이르렀다. 혜능은 곧 이 게송에 예배하였고, 글자를 알지 못하므로 누군가 읽어 주기를 청하였다. 혜능은 듣고서 곧 대강의 뜻을 알았다. 혜능은 또한 한 게송을 지어, 글을 쓸 줄 아는 이에게 청하여 서쪽 벽 위에 쓰게 하여 자신의 본래 마음을 나타내 보였다.
본래 마음을 모르면 법을 배워도 이익이 없으니, 마음을 알아 자성을 보아야만 큰 뜻을 깨닫는다. 라는 내용이었다.
혜능은 게송으로 말하였다.

보리는 본래 나무가 없고
밝은 거울 또한 받침대가 없네.
부처의 성품은 항상 깨끗하거니

어느 곳에 티끌과 먼지 있으리오.

또 게송으로 말하였다.

마음은 보리의 나무요
몸은 밝은 거울의 받침대이네
밝은 거울은 본래 깨끗하거니
어느 곳이 티끌과 먼지에 묻으리오.

게송을 짓고 혜능은 방앗간으로 돌아갔다. 절 안의 대중들이 혜능이 지은 게송을 보고 다들 괴이하게 여겼다. 홍인대사께서 문득 혜능의 게송을 보고, 큰 뜻을 잘 알았으나, 여러 사람이 알까 두려워 대중에게 말씀하시기를
'이것은 견성한 것이 아니다!'라고 하였다.

四. 呈偈

(4-1) 有一童子 於碓房邊過 唱誦此偈 惠能 一聞 知未見性 未識大意 能 問童子 適來誦者 是何言偈 童者答能曰 儞不知 大師言 生死事大 欲傳衣法 令門人等 各作一偈 來呈看 悟大意 即付衣法 稟爲六代祖 有一上座名神秀 忽於南廊下 書無相偈一首 五祖令諸門人 盡誦 悟此偈者 即見自性 依此修行 即得出離

(4-2) 惠能 答曰 我此踏碓八箇餘月 未至堂前 望上人 引惠能至南廊下 見此偈禮拜 亦願誦取 結來生緣 願生佛地 童子引能至南廊下 能 即禮拜此偈 爲不識字 請一人讀 惠能聞已 即識大意 惠能 亦作一偈 又請得一解書 人於西

間壁上 題著 呈自本心 不識本心 學法無益 識心見性 卽悟大意 惠能偈曰

菩提本無樹
明鏡亦無臺
佛性常淸淨
何處有塵埃

又偈曰
心是菩提樹
身爲明鏡臺
明鏡本淸淨
何處染塵埃

院內徒衆 見能作此偈 盡怪 惠能 却入碓房 五祖忽見惠能偈 卽善知識大意 恐衆人知 五祖乃謂衆人曰 此亦未得了

5. 법을 받음(受法)

(5-1) 오조 홍인대사께서 밤중 삼경에 혜능을 조사당 안으로 불러「금강경」을 설해 주었다. 혜능이 금강경의 '응무소주(應無所住) 이생기심(而生起心)'의 구절에서 문득 다시 깨쳤다. 혜능은 생각을 일으키는 뿌리가 환하게 밝아졌으며 마음 쓰는 법을 분명하게 알게 되었다. 감격한 혜능은 자기의 마음을 감추지 못하고 다음과 같이 읊었다.
"어찌 자성이 본래 스스로 청정함을 알았으며
어찌 자성이 본래 생멸하지 않는 것임을 알았으며

어찌 자성이 본래 스스로 구족함을 알았으며
어찌 자성이 본래 동요가 없음을 알았으며
어찌 자성이 본래 스스로 마음 법을 냄을 알았겠습니까?"

그날 밤으로 법을 전해 받으니 아무도 알지 못하였다. 이내 오조 홍인대사께서는 단박 깨친 혜능에게 법과 가사를 전하며 말씀하였다.
"네가 육대 조사가 되었으니 가사로써 신표로 삼을 것이며, 대대로 이어받아 서로 전하되, 법은 마음으로써 마음에 전하여 마땅히 스스로 깨치도록 하라.
혜능아, 옛 부터 법을 전함에 있어서 목숨은 실낱에 매달린 것과 같다. 만약 이 곳에 머물면 사람들이 너를 해칠 것이니, 너는 모름지기 속히 떠나라."

(5-2) 혜능이 가사와 법을 받고 밤중에 떠나려 하니 홍인대사께서 몸소 구강역까지 전송해 주었으며, 떠날 때 문득 홍인대사께서 말씀하였다.
"너는 가서 노력하여라. 법을 가지고 남쪽으로 가되, 회(懷)자 든 고장에 머무르고 회(會)자 든 고장에서는 감추어라. 삼 년 동안은 이 법을 펴려 하지 말라. 환란이 일어날 것이다. 뒤에 널리 펴서 미혹한 사람들을 잘 지도하여, 만약 마음이 열리면 너의 깨침과 다름이 없을 것이다."
이에 혜능은 홍인대사를 하직하고 곧 남쪽으로 갔다.

(5-3) 다음 달 초하루 날 홍인대사가 법문을 해야 하는데 몸이 아프다면서 법당에 나타나지 않았다.
제자들은 이상하게 여겨 상황을 알아보니 법의 징표인 가사가 없어진 것을 알았다. 그때서야 대중들은 혜능을 찾아 나섰다.
혜능은 두 달이 지나서 대유령에 이르렀는데, 뒤에서 수백 명의 사람들이 쫓아와서 가사와 법을 빼앗고자 하였지만 다들 찾지 못하고 돌아갔다. 오직 한 스님만이 돌아가지 않았는데 성은 진이며 이름은 혜명이며, 선조는 삼품 장군으로, 성품과 행동이 거칠고 포악하여 바로 고갯마루까지 쫓아 와서 덮치려 하였다.
혜능은 가사를 큰 바위 위에 올려놓고 가져가라고 하였다. 혜명은 아무리 힘을 써서 가사를 가져가려고 해도 꿈쩍도 하지 않았다. 혜명은 순간 법의 신통함에 등골이 오싹하였다. 혜명은 꿇어앉으며
'제가 짐짓 멀리 온 것은 법을 구함이요, 그 가사는 필요치 않습니다.' 하였다. 혜능이 고갯마루에서 바로 법을 설하니 "선도 생각하지 말고 악도 생각하지 말라. 바로 이러할 때 스님의 마음은 어디에 있습니까?" 혜명이 법문을 듣고 말 끝에 마음이 열렸다. 혜명은 삼배를 올려 스승의 예를 다 하였다. 혜능은 혜명으로 하여금 '곧 북쪽으로 돌아가서 사람들을 교화하라.'고 하였다.

五. 受法

(5-1) 五祖夜至三更 喚惠能堂內 說金剛經 惠能 一聞 言下 便悟 其夜受法 人盡不知 便傳頓法及衣 汝爲六代祖 衣將爲信 稟代代相傳 法以心傳心 當令自悟 五祖言 惠能 自古傳法 命如懸絲 若住此間 有人害汝 汝卽須速去

(5-2) 能 得衣法 三更 發去 五祖自送能於九江驛 登時 便五祖處分 汝去努力 將法向南 三年 勿弘此法 難起 在後弘化 善誘迷人 若得心開 汝悟無別 辭違已了 便發向南

(5-3) 兩月中間 至大庾嶺 不知向後 有數百人來 欲擬害惠能 奪衣法 來至半路 盡憁却廻 唯有一僧 姓陳 名惠明 先 是三品將軍 性行麤惡 直至嶺上 來趂犯著 惠能 卽還法衣 又不肯取 我故遠來求法 不要其衣 能 於嶺上 便傳法惠明 惠明 得聞 言下心開 能 使惠明 卽却向北化人來

5보. 보 림(保臨)

(5보-1) 혜능이 조계에 이르러 또 나쁜 사람들에게 쫓겨 사회현으로 피난하여 사냥꾼들 틈에서 지내기를 무릇 열다섯 해 동안 하였다. 오조 홍인대사께서 주신 금강경을 수백 번 독송하여 모두 외웠으며, 사냥꾼들이 사냥을 하러 갈 때는 혼자 참선을 하였다. 때때로 사냥꾼들에게 법을 설하여 선한 마음이 일어나게 하였으며, 그들이 그물을 지켜달라고 하면 산 목숨이 있으면 놓아 주었다. 음식은 나물을 뜯어 끼니를 연명하였다. 사냥꾼들이 없는 해는 나무 밑이나 동굴에서 선정에 들기도 하였다. 하루는 생각하니 이제 법을 펼 때가 되었다.

(5보-2) 마을로 내려 와 보니 광주 법성사에 이르게 되었고, 마침 인종법사가 열반경을 설하는 날이었다.
그때 바람이 불어 찰간에 꽂아둔 깃발이 펄럭이고 있었다. 한 스님이 "바람이 움직인다."하고 또 한 스님은 "깃발이 움직인다."하였다. 듣고 있던 혜능이 "그것은 바람이 움직이는 것도 아니며 깃발이 움직이는 것도 아니며 당신들 마음이 움직인 것입니다."
이 소리에 대중들은 놀랐고, 인종법사에게 까지 그 이야기가 들어가 혜능은 인종법사에게 불려갔다.
인종법사는 혜능에게 불법에 대해 여러 가지를 물어보았으며, 혜능의 대답은 글자와 관계없이 분명하게 이치에 맞는 답을 하였다. 인종이 조심스럽게 혜능에게 물었다.
"전부터 들리는 말에 의하면 황매에서의 의발이 남방으로 왔다고 하던데 혹시 거사께서 법을 받으신 분이 아닙니까?"
혜능이 "부끄럽습니다."하고 답을 하자 인종은 의발을 보여 달라고 하였다. 의발을 보고는 혜능에게 물었다.
"황매에서 어떤 법을 얻었습니까?"

"오직 저 스스로 성품을 보게 할 뿐입니다. 또한, 불법의 이치가 둘이 아님을 알고 있습니다."
"어떤 것이 불법이 둘이 아닌 이치입니까?"
"선근에는 둘이 있으니 하나는 떳떳함이며 둘은 떳떳하지 아니함인데, 불성은 떳떳함도 아니며 떳떳하지 아니함도 아니며, 또한 끊어지지 않는 것을 둘이 아니라 합니다."
"대단합니다. 인종의 법문은 깨어진 기왓장과 같은데 거사님의 법문은 마치 순금과 같습니다."
여기서 인종은 혜능의 머리를 깎여 주고 스승으로 모시기를 청하였다.
이것이 혜능이 처음으로 법성사에서 동산법문을 열게 된 인연이었다.

5보. 保 臨

6. 정 혜(定慧)

(6-1) 혜능이 이곳 대범사에 와서 머무른 것은 모든 관료, 도교인, 일반인들과 오랜 전생부터 인연이 있었기 때문이다.
가르침은 옛 성인이 전하신 것이다. 혜능 스스로 안 것이 아니니, 옛 성인의 가르침 듣기를 원하는 이는 각각 모름지기 마음을 깨끗이 하여, 듣고 나서 스스로 미혹함을 없애어 옛 사람들의 깨침과 같기를 바란다.
혜능대사가 말씀하였다.
"선지식들아, 보리 반야의 지혜는 세상 사람들이 본래부터 지니고 있는 것이다. 다만 마음이 미혹하기 때문에 능히 스스로 깨치지 못하는 것이다. 그러므로 모름지기 큰 선지식의 지도를 구하여 자기의 성품을 보아라. 선지식들아,

깨치게 되면 곧 지혜를 이룰 것이다.

(6-2) 선지식들아, 나의 이 법문은 정(定)과 혜(慧)로써 근본으로 삼는다. 첫째 미혹하여 혜와 정이 다르다고 말하지 말라. 정과 혜는 몸이 하나여서 둘이 아니다. 정은 혜의 몸이요, 혜는 정의 씀이니, 곧 혜가 작용할 때 정이 혜에 있고, 정이 작용할 때 혜가 정에 있는 것이다.

선지식들아, 이 뜻은 곧 정과 혜가 함께 있는 것이다. 도를 배우는 사람은 짐짓 정을 먼저 하여 혜를 낸다거나 혜를 먼저 하여 정을 낸다고 해서 정과 혜가 각각 다르다고 말하지 말라. 이런 소견을 내는 이는 법에 두 모양이 있다고 생각한다. 입으로는 착함을 말하면서 마음이 착하지 않으면 혜와 정이 함께 있는 것이 아니며, 마음과 입이 함께 착하여 안팎이 한 가지면 정과 혜가 곧 함께 있는 것이다.

스스로 수행함은 입으로 다투는 데 있지 않다. 만약 앞뒤를 다투면 이는 곧 미혹한 사람으로서 이기고 지는 것을 끊지 못함이니, 도리어 법의 아집이 생겨 네 모양[四相]을 버리지 못함이다.

(6-3) 일행 삼매란 일상에 머물거나 앉거나 눕거나 항상 곧은 마음을 행하는 것이다. 「유마경」에 말씀하기를 '곧은 마음이 도량이요 곧은 마음이 정토다.'라고 하셨다.

마음에 아첨하고 굽은 생각을 가지고 입으로만 법의 곧음을 말하지 말라. 입으로는 일행 삼매를 말하면서 곧은 마음으로 행동하지 않으면 부처님 제자가 아니다. 오직 곧은 마음으로 행동하여 모든 법에 집착하지 않는 것을 일행 삼매라고 한다.

그러나 미혹한 사람은 법의 모양에 집착하고 일행 삼매에 집착하여 앉아서 움직이지 않는 것이 곧은 마음이라고 하며, 망심을 제거하여 마음이 일어나지 않는 것이 일행삼매라고 한다. 만약 이와 같다면 이 법은 무정과 같은 것이므로 도리어 도에 장애가 되는 인연이다.

도는 모름지기 통하여 흘러야 한다. 어찌 도리어 정체할 것인가? 마음이 머물러 있지 않으면 곧 통하여 흐르는 것이며, 머물러 있으면 곧 속박된 것이다.

만약 앉아서 움직이지 않음이 옳다고 한다면「유마경」에서 사리불이 숲 속에 편안히 앉아 있는 것을 보고 유마힐이 사리불을 꾸짖었음은 합당하지 않는 것이다.

선지식들아, 또한 사람들에게 '앉아서 마음을 보고 깨끗함을 보되, 움직이지도 말고 일어나지도 말라'고 가르치고 이것으로써 공부를 삼게 하는 것을 본다. 미혹한 사람은 이것을 깨닫지 못하고 문득 거기에 집착하여 전도됨이 곧 수백 가지이니, 이렇게 도를 가르치는 것은 크게 잘못된 것임을 짐짓 알아야 한다.

(6-4) 선지식들아, 정과 혜는 무엇과 같은가? 등불과 그 빛과 같다. 등불이 있으면 곧 빛이 있고 등불이 없으면 곧 빛이 없으므로, 등불은 빛의 몸이며 빛은 등불의 작용이다. 이름은 비록 둘이지만 몸은 둘이 아니다. 이 정과 혜의 법도 또한 이와 같다.

六. 定慧

(6-1) 惠能 來依此地 與諸官僚道俗 亦有累劫之因 教是先聖所傳 不是惠能自知 願聞先聖教者 各須淨心 聞了願自除迷 如先代悟 下是法

惠能大師喚言 善知識 菩提般若之知 世人 本自有之卽緣心迷 不能自悟 須求大善知識 示導見性 善知識 遇悟卽成智

(6-2) 善知識 我此法門 以定慧爲本 第一勿迷言惠定 別 定惠 體一不二 卽定是惠體 卽惠是定用 卽惠之時 定在惠 卽定之時 惠在定 善知識 此義 卽是

定惠等 學道之人 作意 莫言先定發惠 先惠發定 定惠各別 作此見者 法有二相 口說善 心不善 惠定不等 心口俱善 內外一種 定惠卽等 自悟修行 不在口諍 若諍先後 卽是迷人 不斷勝負 却生法我 不離四相

(6-3) 一行三昧者 於一切時中 行住坐臥 常行直心 是 淨名經 云 直心 是道場 直心 是淨土 莫心行諂曲 口說法直 口說一行三昧 不行直心 非佛弟子 但行直心 於一切法 無有執著 名一行三昧 迷人 著法相 執一行三昧 直心 坐不動 除妄不起心 卽是一行三昧 若如是 此法 同無情 却是障道因緣 道須通流 何以却滯 心不住在 卽通流 住卽被縛 若坐不動 是 維摩詰 不合呵舍利弗 宴坐林中 善知識 又見有人 敎人坐 看心看淨 不動不起 從此置功 迷人 不悟 便執成顚 卽有數百般 如此敎道者 故知大錯

(6-4) 善知識 定惠 猶如何等 如燈光 有燈卽有光 無燈卽無光 燈是光之體 光是燈之用 名卽有二 體無兩般 此定惠法 亦復如是.

7. 무 념(無念)

(7-1) 선지식들아, 법에는 단박 깨침이 있으며 점차로 깨침은 없다. 그러나 사람에 따라 영리하고 우둔함이 있으니, 미혹하면 점차로 계합하고 깨친 이는 단박에 닦는다. 자기의 본래 마음을 아는 것이 본래의 성품을 보는 것이다. 깨달으면 원래로 차별이 없으나 깨닫지 못하면 오랜 세월을 윤회하게 된다.

(7-2) 선지식들아, 나의 이 법문은 옛부터 모두가 생각 없음[無念]을 세워 종(宗)으로 삼으며, 형상 없음[無相]을 본체로 삼고, 머무름 없음[無住]을 근본으로 삼는다.

어떤 것을 형상이 없다고 하는가? 형상이 없다고 하는 것은 형상에서 형상을 떠난 것이다. 생각이 없다고 하는 것은 생각에 있어서 생각하지 않는 것이며, 머무름이 없다고 하는 것은 사람의 본래 성품이 생각마다 머무르지 않는 것이다.
그러나 지나간 생각과 지금의 생각과 다음의 생각이 서로 이어져 끊어짐이 없으니 만약 한 생각이 끊어지면 법신이 곧 육신을 떠나게 된다.
순간순간 생각할 때에 모든 법 위에 머무름이 없으니, 만약 한 생각이라도 머무르면 생각마다에 머무는 것이므로 얽매임이라고 하며, 모든 법 위에 순간순간 생각이 머무르지 않으면 곧 얽매임이 없는 것이다. 그러므로 머무름이 없는 것으로 근본을 삼는 것이다.

(7-3) 선지식들아, 밖으로 모든 형상을 여의는 것이 형상이 없는 것이다. 오로지 형상을 여의기만 하면 자성의 본체는 청정한 것이다. 그러므로 형상이 없는 것으로 본체를 삼는 것이다.
모든 경계에 물들지 않는 것을 생각이 없는 것이라고 하며, 자기의 생각 위에서 경계를 떠나고 법에 대하여 생각이 나지 않는 것이다. 백 가지 사물을 모두 생각하지 않는다고 생각을 제거했다고 하지 말라. 한 생각 끊어지면 곧 다른 곳에서 남[生]을 받게 된다.
도를 배우는 사람은 마음을 써서 법의 뜻을 쉬도록 하라. 자기의 잘못은 그렇다 하더라도 다시 다른 사람에게 원하겠는가. 미혹하여 스스로 알지 못하고 또한 경전의 법을 비방하므로 생각 없음을 세워 종으로 삼는 것이다.
미혹한 사람은 경계 위에 생각을 두고 생각 위에 곧 삿된 견해를 일으키므로 그것을 반연하여 모든 번뇌와 망령된 생각이 이로부터 생기는 것이다.

(7-4) 그러므로 이 가르침의 문은 무념(無念)을 세워 종으로 삼는다.
세상 사람이 견해를 여의고 생각을 일으키지 않아서, 만약 생각함이 없으면 생각 없음도 또한 서지 않는다.
없다 함은 무엇이 없다는 것이고, 생각함이란 무엇을 생각하는 것인가?
없다함은 두 모양의 모든 번뇌를 떠난 것이며,
생각함은 진여의 본성을 생각하는 것으로써,
진여는 생각의 본체이며 생각은 진여의 작용인 것이다.
그러므로 자기의 성품이 생각을 일으켜 비록 보고 듣고 느끼고 알지만, 일 만 경계에 물들지 않아서 항상 자재하는 것이다.
「유마경」에 말씀하기를
'밖으로 능히 모든 법의 모양을 잘 분별하나
안으로 첫째 뜻에 있어서 움직이지 않는다.' 하였다.

七. 無念

(7-1) 善知識 法無頓漸 人有利鈍 迷卽漸契 悟人 頓修 識自本心 是見本性 悟卽元無差別 不悟 卽長劫輪廻

(7-2) 善知識 我自法門 從上已來 皆立無念爲宗 無相爲體 無住爲本 何名無相 無相者 於相而離相 無念者 於念而不念 無住者 爲人本性 念念不住 前念今念後念 念念相續 無有斷絶 若一念斷絶 法身 卽是離色身 念念是中 於一切法上無住 一念若住 念念卽住 名繫縛 於一切法上 念念不住 卽無縛也 是以無住 爲本

(7-3) 善知識 外離一切相 是無相 但能離相 性體清淨 是以無相爲體 於一切境上 不染 名爲無念 於自念上離境 不於法上念生 莫百物不思 念盡除却 一念 斷 卽別處受生 學道者 用心 莫不息法意 自錯 尙可 更勸他人 迷不

自見 又謗經法 是以立無念爲宗

卽緣迷人 於境上 有念 念上 便起邪見 一切塵勞妄念 從此而生

(7-4) 然此教門 立無念爲宗 世人 離見 不起於念 若無有念 無念 亦不立 無者 無何事 念者 念何物 無者 離二相諸塵勞念者 念眞如本性 眞如 是念之體 念是眞如之用 自性起念 雖卽見聞覺知 不染萬境而常自在 維摩經 云 外能善分別諸法相 內於弟一義而不動

8. 좌 선(坐禪)

(8-1) 선지식들아, 이 법문 중에 좌선은 원래 마음에 집착하지 않고 또한 깨끗함에도 집착하지 않는다. 또한, 움직이지 않음도 말하지 않으며, 만약 마음을 본다고 하면, 마음은 원래 허망한 것이며 허망함은 허깨비와 같은 까닭에 볼 것이 없다.

만약 깨끗함을 본다고 말하면 사람의 성품은 본래 깨끗함에도 허망한 생각으로 진여가 덮인 것이므로 허망한 생각을 여의면 본래대로 깨끗한 것이다. 자기의 성품이 본래 깨끗함은 보지 않고 마음을 일으켜 깨끗함을 보면 도리어 깨끗하다고 하는 망상[淨妄]이 생기는 것이다.

망상은 처소가 없다. 그러므로 본다고 하는 것이 도리어 허망된 것임을 알아야 한다. 깨끗함은 모양이 없으므로, 도리어 깨끗한 모양을 세워서 이것을 공부라고 말하면 이러한 소견을 내는 이는 자기의 본래 성품을 가로막아 도리어 깨끗함에 묶이게 된다.

만약 움직이지 않는 이가 모든 사람의 허물을 보지 않는다고 하면 이는 자성이 움직이지 않는 것이다. 미혹한 사람은 자기의 몸은 움직이지 아니하고 입만 열면 곧 사람들의 옳고 그름을 말하니, 도에 어긋나고 등지는 것이다. 마음을 보고 깨끗함을 본다고 하는 것이 도리어 도를 가로막는 인연이 되는 것이다.

(8-2) 이제 너희들에게 말하니, 이 법문 가운데 어떤 것을 좌선이라 하는가?
이 법문 가운데는 일체 걸림이 없어서,
밖으로 모든 경계 위에 생각이 일어나지 않는 것이 좌(坐)이며, 안으로 본래 성품을 보아 어지럽지 않은 것이 선(禪)이다.
어떤 것을 선정이라 하는가?
밖으로 모양을 떠남이 선이며, 안으로 어지럽지 않음이 정이다.
설사 밖으로 모양이 있어도 안으로 성품이 어지럽지 않으면 본래 대로 스스로 깨끗하고 스스로 정(定)인 것이다.
그러나 다만 경계에 부딪힘으로 말미암아 어지럽게 되니, 모양을 떠나 어지럽지 않은 것이 곧 정인 것이다.
밖으로 모양을 떠나는 것이 곧 선이며, 안으로 어지럽지 않은 것이 곧 정이니, 밖으로 선(禪)하고 안으로 정(定)하므로 선정이라고 이름 하는 것이다.
「유마경」에 말씀하기를
'즉시에 활연히 깨쳐 본래 마음을 도로 찾는다.' 하였고,
「보살계」에 말씀하기를
'본래 근원인 자성이 깨끗하다.'고 하였다.

선지식들아, 자기의 성품이 깨끗함을 보아라.
스스로 닦아 스스로 지음이 자기 성품인 법신이며,
스스로 행함이 부처님의 행위이며,
스스로 짓고 스스로 이룸이 부처님의 도인 것이다.

八. 坐 禪

(8-1) 善知識 此法門中 坐禪 元不著心 亦不著淨 亦不言不動 若言看心 心元是妄 妄如幻故 無所看也 若言看淨 人性 本淨 爲妄念故 蓋覆眞如離妄念 本性淨 不見自性本淨 心起看淨 却生淨妄 妄無處所 故知看者 却是妄也 淨無形相 却立淨相 言是功夫 作此見者 障自本性 却被淨縛 若不動者 不見一切人過患 是 性不動 迷人自身不動 開口卽說人是非 與道違背 看心看淨 却是障道因緣

(8-2) 今記汝 是此法門中 何名坐禪 此法門中 一切無碍
外於一切境界上 念不起爲坐
內見本性 不亂爲禪
何名爲禪定
外離相曰禪
內不亂曰定
外若有相 內性不亂 本自淨自定
只緣境觸 觸卽亂 離相不亂 卽定
外離相 卽禪
內不亂 卽定 外禪內定 故名禪定
維摩經 云 卽時豁然 還得本心
菩薩戒 云 本源自性 淸淨
善知識 見自性自淨
自修自作 自性法身
自行 佛行
自作 自成 佛道

9. 삼 신(三身)

(9-1) 선지식들아, 모름지기 자기의 몸으로 무상계(無相戒)를 받되, 다 함께 혜능의 입을 따라 말하라. 선지식들로 하여금 자신의 삼신불(三身佛)을 보게 할 것이다.

"나의 색신의 청정법신불에 귀의하며,
나의 색신의 천백억화신불에 귀의하며,
나의 색신의 당래 원만보신불에 귀의합니다."

색신은 집이므로 귀의한다고 말할 수 없다.
앞에 세 몸은 자기의 법성 속에 있고 세상 사람이 다 가진 것이다. 그러나 미혹하여 보지 못하고 밖으로 세 몸의 부처를 찾고 자기 색신 속의 세 성품이 부처인 것은 보지 못하는 것이다.
선지식들은 들어라. 선지식들에게 말하여 선지식들로 하여금 자기의 색신에 있는 자기의 법성이 세 몸의 부처를 가졌음을 보게 할 것이다.

(9-2) 이 세 몸의 부처는 자성으로부터 생긴다.
어떤 것을 깨끗한 법신의 부처라고 하는가?
선지식들아, 세상 사람의 성품은 본래 깨끗하여 만 가지 법이 자기의 성품에 있다. 그러므로 모든 악한 일을 생각하면 곧 악을 행하고 모든 착한 일을 생각하면 문득 착한 행동을 닦게 되는 것이다.
이와 같이 모든 법이 다 자성 속에 있어서 자성은 항상 깨끗함을 알라. 해와 달은 항상 밝으나 다만 구름이 덮이면 위는 밝고 아래는 어두워서 일월성신을 보지 못한다. 그러다가 홀연히 지혜의 바람이 불어 구름과 안개를 걷어 버리면 삼라만상이 일시에 모두 나타나는 것이다.
우리들의 자성도 깨끗함이 맑은 하늘과 같아서, 혜(慧)는 해와 같고 지(智)는 달과 같다. 지혜는 항상 밝되 밖으로 경계에 집착하여 망념의 뜬구름이 덮여 자성이 밝지 못할 뿐이다.
그러므로 선지식이 참 법문을 열어 주어 미망을 물리쳐 버리면 안팎이 사무치게 밝아 자기의 성품 가운데 만 법이 다 나타나며, 모든 법에 있는 자재한 성품을 청정 법신이라 한다. 스스로 돌아가 의지함이란 착하지 못한 행동을 없애는 것이며 이것을 이름 하여 돌아가 의지함이라 한다.

(9-3) 어떤 것을 천백억 화신불이라고 하는가?
생각하지 않으면 자성은 곧 비어 고요하지만 생각하면 이는 곧 스스로 변화한다.
그러므로 악한 법을 생각하면 변화하여 지옥이 되고
착한 법을 생각하면 변화하여 천당이 되고
독과 해침은 변화하여 축생이 되고
자비는 변화하여 보살이 되며,
지혜는 변화하여 위 세계가 되고
우치함은 변화하여 아래 나라가 된다.
이같이 자성의 변화가 매우 다양하며, 미혹한 사람은 스스로 알아보지를 못한다.
한 생각이 착하면 지혜가 생기며, 이것을 이름하여 자성의 화신인 것이다.

(9-4) 어떤 것을 원만보신불이라 하는가?
한 등불이 능히 천 년의 어둠을 없애고 한 지혜가 능히 만 년의 어리석음을 없애며, 과거를 생각하지 말고 항상 미래만을 생각하라. 항상 미래의 생각이 착한 것을 이름 하여 보신이라고 한다.
한 생각의 악한 과보는 천 년의 착함을 그치게 하고, 한 생각의 착한 과보는 천 년의 악을 물리쳐 없애며,
비롯함이 없는 때로부터 미래에 대한 생각이 착함을 보신이라고 이름하는 것

이다.
법신을 좇아 생각함이 곧 화신이며,
순간순간의 생각마다 착한 것이 곧 보신이며,
스스로 깨쳐 닦음이 곧 돌아가 의지하는 것이다.
가죽과 살은 색신이며 집이므로 귀의할 곳이 아니다. 다만 세 몸을 깨치면 곧 큰 뜻을 알게 된다.

九. 三 身

(9-1) 善知識 惣須自體 以受無相戒 一時 逐惠能口道 令善知識 見自三身佛
於自色身 歸依淸淨法身佛
於自色身 歸依千百億化身佛
於自色身 歸依當來圓滿報身佛 (已上三唱)
色身 是舍宅 不可言歸 向者三身 在自法性 世人盡有 爲迷不見 外覓三身如來 不見自色身中三性佛
善知識 聽 與善知識說 令善知識 於自色身 見自法性 有三身佛

(9-2) 此三身佛 從性上生
何名淸淨法身佛
善知識 世人 性 本自淨 萬法 在自性 思量一切惡事 卽行於惡 思量一切善事 便修於善行 知如是一切法 盡在自性 自性 常淸淨 日月常明 只爲雲覆蓋 上明下暗 不能了見日月星辰 忽遇慧風 吹散 卷盡雲霧 萬像森羅 一時皆現 世人性淨 猶如淸天 慧如日 智如月 智慧常明 於外著境 妄念浮雲 蓋覆 自性 不能明 故遇善知識 開眞法 吹却迷妄 內外明徹 於自性中 萬法皆見 一切法 自在性 名爲淸淨法身 自歸依者除不善行 是名歸依

(9-3) 何名爲千百億化身佛
不思量 性卽空寂
思量 卽是自化
思量惡法 化爲地獄
思量善法 化爲天堂
毒害 化爲畜生
慈悲 化爲菩薩
智惠 化爲上界
愚癡 化爲下方
自性變化甚多 迷人 自不知見
一念善 智惠卽生 此名自性化身

(9-4) 何名圓滿報身佛
一燈 能除千年闇 一智能滅萬年愚 莫思向前 常思於後 常後念善 名爲報身
一念惡報 却千年善止
一念善報 却千年惡滅
無始已來 後念善 名爲報身
從法身思量 卽是化身
念念善 卽是報身
自悟自修 卽名歸依也
皮肉 是色身 是舍宅 不在歸依也
但悟三身 卽識大意.

10. 네 가지 원(四願)

(10-1) "이제 이미 스스로 삼신불에 귀의하여 마쳤으니, 선지식들과 더불어 네 가지 넓고 큰 원을 발할 것이다.
선지식들아, 다 함께 혜능을 따라 말하라.

무량한 중생 다 제도하기를 서원합니다.
무량한 번뇌 다 끊기를 서원합니다.
무량한 법문 다 배우기를 서원합니다.
위 없는 불도 이루기를 서원합니다.

선지식들아, 무량한 중생을 맹세코 다 제도한다 함은 혜능이 선지식들을 제도하는 것이 아니라, 마음속의 중생을 각자 몸에 있는 성품으로 스스로 제도하는 것이다.
어떤 것을 자기의 성품으로 스스로 제도한다고 하는가?
자기 육신 속의 삿된 견해와 번뇌와 어리석음과 미망에 본래의 깨달음의 성품을 가지고 있으므로 바른 생각으로 제도하는 것이다. 이미 바른 생각인 반야의 지혜를 깨쳐서 어리석음과 미망을 없애 버리면 중생은 각자 스스로 제도하는 것이다.
삿됨이 오면 바름으로 제도하고
미혹함이 오면 깨침으로 제도하고,
어리석음이 오면 지혜로 제도하고
악함이 오면 착함으로 제도하며
번뇌가 오면 보리로 제도하며,
이렇게 제도함을 진실한 제도라고 하는 것이다.
맹세코 무량한 번뇌를 다 끊는다 함은 자기의 마음에 있는 허망함을 제거하는 것이다.
맹세코 무량한 법문을 다 배운다 함은 위 없는 바른 법을 배우는 것이다.
위 없는 불도(佛道)를 맹세코 이룬다 함은 항상 마음을 낮추는 행동으로 일체를 공경하며 미혹한 집착을 여의고, 깨달아 반야가 생겨 미망함을 없애는 것이다.
곧 스스로 깨쳐 불도를 이루어 맹세코 바라는 힘[誓願力]을 행하는 것이다."

十. 四願

(10-1) 今旣自歸依三身佛已 與善知識 發四弘大願 善知識 一時逐惠能道

衆生無邊誓願度
煩惱無邊誓願斷
法門無邊誓願學
無上佛道誓願成
(三唱)

善知識 衆生無邊誓願度 不是惠能 度善知識 心中衆生
各於自身 自性自度
何名 自性自度 自色身中 邪見煩惱 愚癡迷妄 自有本覺性 將正見度
旣悟正見 般若之智 除却愚癡迷妄 衆生 各各自度
邪來 正度 迷來 悟度
遇來智度 惡來善度
煩惱來菩提度 如是度者 是名眞度
煩惱無邊誓願斷 自心 除虛妄
法門無邊誓願學 學無上正法

無上佛道誓願成常下心行 恭敬一切 遠離迷執 覺知生般若 除却迷妄 卽自悟佛道成 行誓願力

11. 참 회(懺悔)

(11-1) "지금 이미 사홍서원 세우기를 마쳤으니 선지식들에게 '무상참회(無相懺悔)'를 주어서 삼세의 죄장을 없애게 할 것이다."
대사께서 말씀하였다.
"선지식들아, 과거의 생각과 미래의 생각과 현재의 생각이 우치와 미혹에 물들지 않고, 지난 날의 나쁜 행동을 일시에 끊어서 영원히 없애버리면 이것이 곧 참회이다.
과거의 생각과 미래의 생각과 현재의 생각이 어리석음에 물들지 않고 지난 날의 거짓과 속이는 마음을 없애도록 하라. 영원히 끊음을 이름하여 자성의 참회라고 한다.
과거의 생각, 미래의 생각과 현재의 생각이 질투에 물들지 않아서 지난 날의 질투하는 마음도 없애도록 하라. 자기의 성품에서 만약 없애버리면 이것이 곧 참회인 것이다.
"선지식들아, 무엇을 이름하여 참회라고 하는가?
참(懺)이라고 하는 것은 종신토록 잘못을 짓지 않는 것이며, 회(悔)라고 하는 것은 과거의 잘못을 아는 것이다.
나쁜 죄업을 항상 마음에서 버리지 않으면 모든 부처님 앞에서 입으로 말하여도 이익이 없다.
나의 이 법문 가운데는 영원히 끊어서 짓지 않음을 이름하여 참회라 한다."

十一. 懺 悔

(11-1) 今旣發四弘誓願訖 與善知識 無相懺悔 滅三世罪障
大師言 善知識
前念後念及今念 念念不被遇迷染 從前惡行 一時永斷 自性 若除 卽是懺悔
前念後念及今念 念念不被愚癡染 除却從前矯誑心 永斷名爲自性懺
前念後念及今念 念念不被疽妬染 除却從前疾妬心 自性 若除 卽是懺(已上三唱)
善知識 何名懺悔
懺者 終身不作
悔者 知於前非
惡業 恒不離心 諸佛前 口說無益
我此法門中 永斷不作 名爲懺悔

12. 삼귀의(三歸依)

(12-1) "지금 이미 참회하기를 마쳤으니 선지식들을 위하여 '무상삼귀의계(無相三歸依戒)'를 줄 것이다.
대사께서 말씀하였다.
"선지식들아,
'깨달음의 양족존께 귀의하며,
올바름의 이욕존께 귀의하며,
깨끗함의 중중존께 귀의합니다.
지금 이후로는 부처님을 스승으로 삼고 다시는 삿되고 미혹한 외도에게 귀의하지 않겠으며, 바라건대 자성의 삼보께서는 자비로써 증명하소서.'

선지식들아, 혜능이 선지식들에게 권하여 자성의 삼보에 귀의하게 하니,
부처란 깨달음이며,
법이란 올바름이며
승이란 깨끗함이다.

(12-2) 자기의 마음이 깨달음에 귀의하여 삿되고 미혹하지 않고 적은 욕심으로 넉넉한 줄을 알아, 재물을 떠나고 색을 떠나는 것을 양족존이라고 한다.
자기의 마음이 바름으로 돌아가 생각마다 삿되지 않으므로 곧 애착이 없으며, 애착이 없는 것을 이욕존이라고 한다.
자기의 마음이 깨끗함으로 돌아가 모든 번뇌와 망념이 비록 자성에 있어도 자성이 그것에 물들지 않는 것을 중중존이라고 한다.
보통 사람은 이것을 알지 못하고 날이면 날마다 삼귀의 계를 받는다. 그러나 만약 부처님께 귀의한다고 할 때 부처가 어느 곳에 있으며, 만약 부처를 보지 못한다면 귀의할 곳이 없는 것이다. 이미 귀의할 곳이 없으면 도리어 허망한 것이 될 뿐이다.
선지식들아, 스스로 관찰하여 그릇되게 마음을 쓰지 말라.
경의 말씀 가운데 '오직 자신의 부처님께 귀의한다' 하였고 다른 부처에게 귀의한다고 말하지 않았으니, 자기의 성품에 귀의하지 않으면 돌아갈 곳이 없는 것이다."

十二. 三歸

(12-1) 今旣懺悔已 與善知識 授無相三歸依戒
大師言 善知識
歸依覺兩足尊

歸依正離欲尊
歸依淨衆中尊
從今已後 稱佛爲師 更不歸依餘邪迷外道
願自性三寶 慈悲證明 善知識 惠能 勸善知識 歸依自性三寶
佛者 覺也
法者 正也
僧者 淨也

(12-2) 自心 歸依覺 邪迷不生 少欲知足 離財離色 名兩足尊
自心 歸正 念念無邪故 卽無愛著 以無愛著 名離欲尊
自心 歸淨 一切塵勞妄念 雖在自性 自性 不染著 名衆中尊
凡夫 不解 從日至日 受三歸依戒
若言歸佛 佛在何處 若不見佛 卽無所歸 旣無所歸 言却是妄 善知識 各自觀察 莫錯用意
經中 只卽言自歸依佛 不言歸他佛 自性 不歸 無所歸處

13. 성 공(性空)

 (13-1) "지금 이미 삼보에 귀의하여 모두 지극한 마음일 것이니 선지식들을 위하여 마하반야바라밀법을 설할 것이다.
선지식들아, 비록 마하반야바라밀법을 생각하지만 알지 못하므로 혜능이 설명하여 줄 것이니 잘 들어라.
Maha Prajna Paramita 란 서쪽 나라의 범어이다. 당나라 말로는 '摩訶般若波羅蜜(마하반야바라밀)'이며, '큰 지혜로 저 언덕에 이른다.'는 뜻이다. 이 법은 모름지기 실행하는 것이며 입으로 외우는 데 있지 않다. 입으로 외우고 실행하지 않으면 꼭두각시와 같고 허깨비와 같으나, 닦고 행하는 이는 법신과 부처와 같다.
어떤 것을 마하라고 하는가?
마하란 큰 것이다. 마음이 한량없이 넓고 커서 허공과 같다. 그러나 빈 마음으로 앉아 있으면 곧 무기공에 떨어질 것이다.
허공은 능히 일월성신과 산하대지와 모든 초목과 악한 사람과 착한 사람과 악한 법과 착한 법과 천당과 지옥이 그 안에 다 포함하고 있다.
세상 사람의 자성이 빈 것도 또한 이와 같다.

(13-2) 자성이 만 법을 포함하는 것이 곧 큰 것이며 만 법이 다 자성이다. 모든 사람과 사람 아닌 것과 악함과 착함과 악한 법과 착한 법을 보되, 모두 다 버리지도 않고 그에 물들지도 않아 마치 허공과 같으므로 크다고 하며, 이것이 곧 큰 실행인 것이다.
미혹한 사람은 입으로 외우고 지혜 있는 이는 마음으로 행한다. 또 미혹한 사람은 마음을 비워 생각하지 않는 것을 크다고 하나, 이도 또한 옳지 않은 것이다.
마음이 한량없이 넓고 크다고 하여도, 행하지 않으면 곧 작은 것이다. 입으로만 공연히 말하면서 이 행을 닦지 않으면 나의 제자가 아니다."

十三. 性空

(13-1) 今既自歸依三寶 惚却却知心 與善知識 說摩訶般若波羅蜜法 善知識 雖念 不解 惠能與說 各各聽 摩訶般若波羅蜜者 西國梵語 唐言 大智惠彼岸到
此法 須行 不在口念 口念不行 如幻如化 修行者 法身 與佛 等也

何名摩訶 摩訶者 是大 心量 廣大 猶如虛空 莫空心坐 卽落無記空 虛空能含 日月星辰 大地山河 一切草木 惡人善人 惡法善法 天堂地獄 盡在空中 世人 性空 亦復如是

(13-2) 性含萬法 是大 萬法 盡是自性 見一切人及非人 惡之與善 惡法善法 盡皆不捨 不可染著 猶如虛空 名之爲大 此是摩訶行 迷人 口念 知者 心行 又 有迷人 空心不思 名之爲大 此亦不是 心量 廣大 不行 是小 莫口空說 不修此 行 非我弟子

14. 반 야(般若)

(14-1) "어떤 것을 반야라고 하는가?
반야는 지혜이다. 모든 때에 있어서 생각마다 어리석지 않고 항상 지혜를 행하는 것을 곧 반야행이라고 한다.
한 생각이 어리석으면 곧 반야가 끊기고
한 생각이 지혜로우면 곧 반야가 생기며,
마음속은 항상 어리석으면서 '나는 닦는다'고 스스로 말하는 것이다.
반야는 형상이 없으며, 지혜의 성품이 바로 그것이다.
어떤 것을 바라밀이라고 하는가?
이는 서쪽 나라의 범어이며 '저 언덕에 이른다'는 뜻이다. 뜻을 알면 생멸을 떠난다.
경계에 집착하면 생멸이 일어나서 물에 파랑이 있음과 같으며, 이는 곧 이 언덕이며,
경계를 떠나면 생멸이 없어서 물이 끊이지 않고 항상 흐름과 같으며, 곧 저 언덕에 이른다고 하며, 그러므로 바라밀이라고 이름하는 것이다.

(14-2) 미혹한 사람은 입으로 외우고 지혜로운 이는 마음으로 행한다. 생각할 때 망상이 있으면 그 망상이 있는 것은 곧 진실로 있는 것이 아니다. 생각마다 행한다면 이것은 진실이 있다고 한다.
이 법을 깨친 이는 반야의 법을 깨친 것이며 반야의 행을 닦는 것이다.
닦지 않으면 곧 보통 사람이며 한 생각 수행하면 법신과 부처와 같다.
선지식들아, 번뇌가 곧 보리며, 앞 생각을 붙잡아 미혹하면 곧 보통 사람이며, 뒷 생각에 깨달으면 곧 부처다.
선지식들아, 마하반야바라밀은 가장 높고 가장 으뜸이며 제일이다. 머무름도 없고 가고 옴도 없다. 삼세의 모든 부처님이 이로부터 나와 큰 지혜로서 저 언덕에 이르러 오음의 번뇌와 진로를 쳐부수니, 가장 높고 가장 으뜸이며 제일이다.
가장 으뜸임을 찬탄하여 최상승법을 수행하면 결정코 성불하여, 감도 없고 머무름도 없으며 가고 옴도 또한 없으며, 이는 정과 혜가 함께 하여 일체 법에 물들지 않는 것이다. 삼세의 모든 부처님이 이 가운데서 삼독을 변하게 하여 계, 정, 혜로 삼는 것이다.

(14-3) 선지식들아, 나의 이 법문은 8만 4천의 지혜를 좇는다.
무엇 때문인가? 세상에 8만 4천의 진로가 있기 때문이다.
만약 진로가 없으면 반야가 항상 있어서 자성을 떠나지 않는다.
이 법을 깨친 이는 곧 무념이 된다.
기억과 집착이 없어서 거짓되고 허망함을 일으키지 않으니 이것이 곧 진여의 성품이다.
지혜로서 보고 비추어 모든 법을 취하지도 않고 버리지도 않으며, 곧 자성을 보아 부처님 도를 이루는 것이다."

十四. 般 若

(14-1)何名般若
般若 是智惠 一切時中 念念不愚 常行智惠 卽名般若行
一念愚 卽般若絶
一念智 卽般若生
心中常愚 自言我修 般若無形相 智惠性 卽是
何名波羅蜜 此是西國梵音 言彼岸到 解義 離生滅
著境 生滅起 如水有波浪 卽是於此岸
離境 無生滅 如水承長流 故卽名到彼岸 故名波羅蜜

(14-2)迷人 口念 智者 心行
當念時有妄 有妄 卽非眞有
念念若行 是名眞有
悟此法者 悟般若法 修般若行
不修卽凡 一念修行 法身 等佛
善知識 卽煩惱是菩提捉前念 迷卽凡 後念 悟卽佛
善知識 摩訶般若波羅蜜 最尊最上第一 無住無去無來 三世諸佛 從中出 將大智惠到彼岸 打破五陰煩惱塵勞 最尊最上第一
讚最上 最上乘法 修行 定成佛 無去無住無來往 是 定惠等 不染一切法 三世諸佛 從中變三毒 爲戒定惠

(14-3) 善知識 我此法門 從八萬四千智惠
何以故 爲世有八萬四千塵勞 若無塵勞 般若常在 不離自性
悟此法者 卽是無念
無憶無著 莫起誑妄 卽自是眞如性

用智惠觀照 於一切法 不取不捨 卽見性成佛道

15. 근기(根機)

(15-1) "선지식들아, 만약 매우 깊은 법의 세계에 들고자 하거나 반야 삼매에 들고자 하는 사람은 바르게 반야바라밀의 행을 닦을 것이며 오로지 「금강반야바라밀경」한 권만 지니고 읽으면 곧 자성을 보아 반야 삼매에 들어가게 된다. 이 사람의 공덕이 한량없음을 마땅히 알아야 한다. 경에서 분명히 찬탄하였으니, 능히 다 갖추어 설명하지 않을 것이다.
이것은 최상승법으로서 큰 지혜와 높은 근기의 사람을 위하여 설한 것이다. 만약 근기가 약하거나 지혜가 작은 사람이 이 법을 들으면 마음에 믿음이 나지 않으니, 무엇 때문인가?
비유하면 용이 큰비를 내리는 것과 같다. 염부제에 비가 내릴 때 육지에 내리면 풀잎이 떠 다니듯 하고, 바다에 내리면 불지도 않고 줄지도 않는 것과 같은 것이다.
대승의 사람은 「금강경」을 설하는 것을 들으면 마음이 열려 깨친다. 그러므로 본래 성품이 스스로 반야의 지혜를 지니고 있어서 스스로 지혜로서 보고 비추어서 문자를 빌리지 않음을 알라.
비유컨대, 그 빗물이 하늘에 있는 것이 아님과 같다. 원래 용왕이 강과 바다의 물을 몸으로 이끌어 모든 중생과 모든 초목과 모든 유정, 무정을 다 윤택하게 하고, 모든 물의 여러 흐름이 다시 바다에 들어가고 바다는 모든 물을 받아들여 하나로 합쳐지는 것과 같으며, 중생의 본래 성품인 반야의 지혜도 또한 이와 같다.

(15-2) 근기가 약한 사람은 단박에 깨치는 이 가르침을 들으면, 마치 근성이

작은 대지의 초목이 큰 비를 맞고 모두 거꾸러져서 자라지 못함과 같으니, 근기가 약한 사람도 또한 이와 같은 것이다.

반야의 지혜가 있는 점은 큰 지혜를 가진 사람과 차별이 없지만 무슨 까닭으로 법을 듣고도 곧 깨치지 못하는가?

삿된 소견의 장애가 무겁고 번뇌의 뿌리가 깊기 때문이다. 마치 큰 구름이 해를 가려, 바람이 불지 않으면 해가 능히 나타나지 못하는 것과 같다.

반야의 지혜는 크고 작음이 없으나 모든 중생이 스스로 미혹한 마음이 있어서 밖으로 닦아 부처를 찾으므로 자기의 성품을 깨닫지 못하는 것이다.

그러나 이같이 근기가 약한 사람일지라도 단박에 깨치는 가르침을 듣고 밖으로 닦는 것을 믿지 않고, 오직 자기의 마음에서 자기의 본성으로 하여금 항상 바른 견해를 일으키면 번뇌와 괴로움이 가득한 중생도 모두 다 당장에 깨치게 된다. 마치 큰 바다가 모든 물의 흐름을 받아들여서 작은 물과 큰 물이 합하여 하나가 되는 것과 같다.

곧 자성을 보면 안팎에 머물지 않으며 오고 감에 자유로워 집착하는 마음을 능히 없애고 통달하여 거리낌이 없으며, 마음으로 이 행을 닦으면 곧 「반야바라밀경」과 더불어 본래 차별이 없다."

十五. 根 機

(15-1) 善知識 若欲入甚深法界 入般若三昧者 直修般若波羅蜜行
但持金剛般若波羅蜜經一卷 即得見性 入般若三昧
當知此人功德 無量 經中 分明讚嘆 不能具說
此是最上乘法 爲大智上根人說 小根智人 若聞此法 心不生信 何以故
譬如大龍 若下大雨 雨於閻浮提 如漂草葉 若下大雨 雨於大海 不增不減
若大乘者 聞說金剛經 心開悟解 故知本性 自有般若之智 自用智惠觀照 不假
文字 譬如其雨水不從天有 元是龍王 於江海中 將身引此水 令一切衆生 一切

草木 一切有情無情 悉皆蒙潤 諸水衆流 却入大海 海納衆水 合爲一切 衆生本性 般若之智 亦復如是

(15-2) 小根之人 聞說此頓敎 猶如大地草木根性自小者 若被大雨一沃 悉皆自倒 不能增長 小根之人 亦復如是
有般若之智 與大智之人 亦無差別 因何聞法卽不悟
緣邪見障重 煩惱根深 猶如大雲 蓋覆於日 不得風吹 日無能現
般若之智 亦無大小 爲一切衆生 自有迷心 外修覓佛 未悟自性
卽是小根人 聞其頓敎 不信外修 但於自心 令自本性 常起正見 煩惱塵勞衆生 當時盡悟 猶如大海納於衆流 小水大水合爲一體
卽是見性 內外不住 來去自由 能除執心 通達無碍 心修此行 卽與般若波羅蜜經 本無差別

16. 견 성(見性)

(16-1) "모든 경서 및 문자와 소승과 대승과 십이 부의 경전이 다 사람으로 말미암아 있게 되었으니, 지혜의 성품에 연유한 까닭으로 능히 세운 것이다.
만약 나[我]가 없다면 지혜 있는 사람과 모든 만 법이 본래 없는 것이다. 그러므로 만 법이 본래 사람으로 말미암아 일어난 것이며, 일체 경서가 사람으로 말미암아 '있음'을 말한 것임을 알아야 한다.
사람 가운데는 어리석은 이도 있고 지혜로운 이도 있으므로 어리석으면 작은 사람이 되고 지혜로우면 큰 사람이 된다. 미혹한 사람은 지혜 있는 이에게 묻고 지혜 있는 사람은 어리석은 사람을 위하여 법을 설하여 어리석은 이로 하여금 깨쳐서 마음을 열리게 해야 한다. 미혹한 사람이 만약 깨쳐서 마음이 열리면 큰 지혜를 가진 사람과 차별이 없다.

그러므로 알라. 깨치지 못하면 부처가 곧 중생이며 한 생각 깨치면 중생이 곧 부처이다.

그러므로 알라. 모든 만 법이 다 자기의 몸과 마음 가운데 있다. 그런데도 어찌 자기의 마음을 쫓아서 진여의 본성을 단박에 나타내지 못하는가?

「보살계경」에 말씀하기를 '나의 본래 근원인 자성이 청정하다'고 하였다. 마음을 알아 자성을 보면 스스로 부처의 도를 성취하니, 바로 활연히 깨쳐서 본래의 마음을 보게 되는 것이다."

十六. 見 性

(16-1) 一切經書及文字 小大二乘 十二部經 皆因人置 因智惠性故 故能建立
我若無 智人 一切萬法 本無不有 故知萬法 本因人興 一切經書因人說有
緣在人中 有愚有智 愚爲小故 智爲大人
迷人問於智者 智人 與愚人說法令使愚者 悟解心開 迷人 若悟心開 與大智人無別
故知不悟 卽佛是衆生一念若悟 卽衆生是佛
故知一切萬法 盡在自身心中 何不從於自心 頓現眞如本性
菩薩戒經 云 我本源自性 淸淨 識心見性 自成佛道 卽時豁然 還得本心

17. 돈 오(頓悟)

(17-1) "선지식들아, 나는 오조 홍인대사의 회하에서 한 번 듣자 그 말끝에 크게 깨쳐 진여의 본래 성품을 단박에 보았다.

그러므로 이 가르침의 법을 뒤 세상에 유행시켜 도를 배우는 이로 하여금 보리를 단박 깨쳐서 스스로 마음을 보아 자기의 성품을 단박 깨치게 하는 것이다. 만약 능히 스스로 깨치지 못하는 이는 모름지기 선지식을 찾아서 지도를 받아 자성을 볼 것이다.

어떤 사람을 큰 선지식이라고 하는가? 최상승법이 바른 길을 곧게 가리키는 것임을 아는 것이 큰 선지식이며 큰 인연이다. 이는 교화하고 지도하여 부처를 보게 하는 것이며, 모든 착한 법이 다 선지식으로 말미암아 능히 일어나는 것이다.

그러므로 삼 세의 모든 부처와 십이 부의 경전들이 사람의 성품 가운데 본래부터 스스로 갖추어져 있다고 말할지라도, 능히 자성을 깨치지 못하면 모름지기 선지식의 지도를 받아서 자성을 볼 것이다.

만약 스스로 깨친 이라면 밖으로 선지식에 의지하지 않는다.

밖으로 선지식을 구하여 해탈하기를 바란다면 옳지 않다. 자기 마음속의 선지식을 알면 곧 해탈을 얻게 된다.

만약 마음이 삿되고 미혹하여 망념으로 전도되면 선지식이 가르쳐 준다 하여도 스스로 깨닫지 못할 것이다. 마땅히 반야의 관조가 일어나면 잠깐 사이에 망념이 다 없어지게 된다. 이것이 곧 자기의 참 선지식이며, 한 번 깨침에 곧 부처를 알게 된다.

(17-2) 자성의 마음자리가 지혜로서 관조하여 안팎이 사무쳐 밝으면 자기의 본래 마음을 알고, 만약 본래 마음을 알면 이것이 곧 해탈이며, 이미 해탈을 얻으면 이것이 곧 반야삼매이며, 반야삼매를 깨치면 곧 무념이다.

어떤 것을 무념이라고 하는가?

무념이란 모든 법을 보되 그 법에 집착하지 않으며, 모든 곳에 두루 하되 모든 곳에 집착하지 않는다. 항상 자기의 성품을 깨끗이 하여 여섯 도적으로 하여금 여섯 문으로 달려 나가게 하나 육진 속을 떠나지도 않고 물들지도 않아서 오고 감에 자유로운 것이다. 이것이 곧 반야삼매이며 자재해탈이니 무념 행이라고 이름 하는 것이다.
온갖 사물을 생각하지 않음으로써 항상 생각이 끊어지도록 하지 말라. 이는 곧 법에 묶임이니 곧 변견이라고 한다.
무념 법을 깨친 이는 만 법에 다 통달하고,
무념 법을 깨친 이는 모든 부처의 경계를 보며,
무념의 돈법을 깨친 이는 부처의 지위에 이르게 된다."

十七. 頓 悟

(17-1) 善知識 我於忍和尙處 一聞 言下 大悟 頓見眞如本性 是故將此敎法 流行後代 令學道者 頓悟菩提 各自觀心 令自本性 頓悟 若不能自悟者 須覓 大善知識示導 見性
何名大善知識 解最上乘法 直示正路 是大善知識 是大因緣 所謂化導令得見 佛 一切善法 皆因大善知識能發起
故三世諸佛 十二部經 云在人性中 本自具有 不能自性悟 須得善知識示導 見性 若自悟者 不假外善知識 若取外求善知識 望得解脫 無有是處 識自心內善知 識 卽得解脫
若自心 邪迷 妄念顚倒 外善知識 卽有敎授 不得自悟 當起般若觀照 刹那間 妄念 俱滅 卽是自眞正善知識 一悟卽知佛也

(17-2) 自性心地 以智惠觀照內外明撤 識自本心 若識本心 卽是解脫 旣得 解脫 卽是般若三昧 悟般若三昧 卽是無念
何名無念 無念法者
見一切法 不著一切法

遍一切處 不著一切處 常淨自性
使六賊 從六門走出
於六塵中 不離不染 來去自由 即是般若三昧 自在解脫 名無念行
莫百物不思 常令念絶 即是法縛 即名邊見
悟無念法者 萬法盡通
悟無念法者 見諸佛境界
悟無念頓法者 至佛位地

18. 죄를 없앰(滅罪)

(18-1) "선지식들아, 뒤 세상에 나의 법을 얻는 이는 항상 나의 법신이 너희들의 좌우를 떠나지 않음을 볼 것이다.
선지식들아, 이 돈교의 법문을 가지고 같이 보고 같이 행하여 소원을 세워 받아 지니되 부처님 섬기듯이 함으로써, 종신토록 물러나지 않는 사람은 성인의 지위에 들어가게 된다.
 그러나 전하고 받을 때는 모름지기 예부터 말없이 법을 부촉하여 서원을 세워서 보리에서 물러나지 않으면, 이도 곧 성인의 지위에 들어가게 된다.
만약 견해가 같지 않거나 뜻과 원이 없다면 곳곳마다 망령되이 선전하여 저 앞 사람을 손상케 하지 말라. 마침내 이익이 없을 것이다.
만약 만나는 사람이 알지 못하여 이 법문을 업신여기면 백 겁 만 겁토록 부처의 종자를 끊게 될 것이다."

(18-2) 대사께서 말씀하였다.
"선지식들아, 나의 '무상송(無相頌)'을 들으라. 너희처럼 미혹한 사람들의 죄를 없앨 것이며 그래서 '멸죄송(滅罪頌)'이라고도 한다."

게송을 말씀하였다.

어리석은 사람은 도는 닦지 않고 복을 구하면서
복을 구함이 곧 도라고 말한다.
보시 공양하는 복이 끝이 없으나
마음 속 삼업은 원래대로 남아 있도다.
만약 복을 닦아 죄를 없애고자 하여도
다음 세상에 복은 얻으나 죄가 어찌 따르지 않겠는가.
만약 마음 속에서 죄의 반연 없앨 줄 안다면
저마다 자기 성품 속의 참된 참회니라.
만약 대승의 참된 참회를 깨치면
삿됨을 없애고 바름을 행하여 죄 없어지리.
도를 배우는 사람이 능히 스스로 보면
곧 깨친 사람과 더불어 같도다.
오조께서 이 단박 깨치는 가르침을 전하심은
배우는 사람이 같은 한 몸 되기를 바라서이다.
만약 장차 본래의 몸을 찾고자 한다면
삼독의 나쁜 인연을 마음 속에서 씻어 버려라.
힘써 도를 닦을 것이며 게으르게 지내지 말라.
어느덧 헛되이 지나 한 세상 끝나게 된다.
만약 대승의 단박 깨치는 법을 만났거든
정성 들여 합장하고 지극한 마음으로 구하라.

대사께서 법을 설하여 마치니, 위사군과 관료와 스님들과 도교인과 속인들의 찬탄하는 말이 끊이지 않았으며 '예전에 듣지 못한 것이다'라고 하였다.

十八. 滅 罪

(18-1) 善知識 後代 得吾法者 常見吾法身 不離汝左右
善知識 將此頓教法門 同見同行 發願受持 如事佛故 終身受持而不退者 欲入聖位
然須傳受時 從上已來 默然而付於法 發大誓願 不退菩提 即須分付
若不同見解 無有志願 在在處處 勿妄宣傳 損彼前人 究竟無益
若遇人不解 謾此法門 百劫萬劫千生 斷佛種性

(18-2) 大師言 善知識 聽吾說無相頌 令汝迷者罪滅 亦名滅罪頌
頌曰
遇人修福不修道 謂言修福而是道
布施供養福無邊 心中三業元來在
若將修福欲滅罪 後世得福罪無造
若解向心除罪緣 各自性中眞懺悔
若悟大乘眞懺悔 除邪行正造無罪
學道之人能自觀 即與悟人同一例
大師令傳此頓教 願學之人同一體
若欲當來覓本身 三毒惡緣心中洗
努力修道莫悠悠 忽然虛度一世休
若遇大乘頓教法 虔誠合掌志心求

大師說法了 韋使君官僚 僧衆道俗 讚言無盡 昔所未聞

19. 공 덕(功德)

(19-1) 위사군이 예배하고 말하였다.
"대사께서 법을 설하심은 실로 부사의 합니다. 제자가 일찍이 조그마한 의심이 있어서 대사께 여쭙고자 하니, 바라건대 대사께서는 대자대비로 제자를 위하여 말씀하여 주시기 바랍니다."
육조대사께서 말씀하였다.
"의심이 있거든 물어라. 어찌 두 번 세 번 물을 필요가 있겠는가."
"대사께서 설하신 법은 서쪽 나라에서 오신 제일 조 달마조사의 종지가 아닙니까?"
"그렇다."
"제자가 들으니 달마대사께서 양 무제를 교화할 때, 양 무제가 달마대사께 묻기를, '짐이 한 평생 절을 짓고 보시를 하며 공양을 올렸는데 공덕이 얼마나 큽니까?'하고 묻자, 달마대사께서 '전혀 공덕이 없습니다.'라고 하니, 무제는 불쾌하게 여겨 마침내 달마를 나라 밖으로 내보내었다고 하는데 이 말을 잘 알지 못하겠습니다. 청컨대 대사께서는 말씀해 주십시오."
"실로 공덕이 없으니, 위사군은 달마대사의 말씀을 의심하지 말라. 무제가 탐욕에 집착하여 바른 법을 모른 것이다."

(19-2) 위사군이 물었다.
"어찌하여 공덕이 없습니까?"
육조대사께서 말씀하였다.
"절을 짓고 보시하며 공양을 올리는 것은 다만 복을 닦는 것이다. 복을 공덕이라고 하지는 말라. 공덕은 법신에 있고 복 밭에 있지 않다.
자기의 성품에 공덕이 있는 것이며,
견성이 곧 공(功)이요,

평등하고 곧음이 곧 덕(德)이다.
안으로 불성을 보고 밖으로 공경하라. 만약 모든 사람을 경멸하고 아상(我相)을 끊지 못하면 곧 스스로 공덕이 없고 이렇게 잘못된 자성은 허망하여 법신에 공덕이 없는 것이다.
생각마다 덕을 행하고 마음이 평등하여 곧으면 공덕이 곧 가볍지 않다.
그러므로 항상 공경하고
스스로 몸을 닦는 것이 곧 공(功)이며,
스스로 마음을 닦는 것이 곧 덕(德)이다.
공덕은 자기의 마음으로 짓는 것이다. 이같이 복과 공덕이 다르거늘 무제가 바른 이치를 알지 못한 것이며, 달마대사께 허물 있는 것이 아니다."

十九. 功 德

(19-1) 使君 禮拜 自言
和尙說法 實不思議 弟子嘗有少疑 欲問和尙 望和尙 大慈大悲 爲弟子說
大師言 有疑卽問 何須再三
使君問
法 可不是西國第一祖達摩祖師宗旨
大師言 是
弟子見說 達摩大師化梁武帝 問達磨
朕 一生已來 造寺布施供養 有功德否
達磨答言 竝無功德 武帝惆悵 遂遣達磨 出境 未審此言 請和尙說
六祖言 實無功德 使君 勿疑達磨大師言 武帝著邪道 不識正法

(19-2) 使君 問 何以無功德

和尙 言 造寺布施供養 只是修福 不可將福 以爲功德
功德在 法身 非在於福田
自法性 有功德
見性 是功
平直 是德
內見佛性 外行恭敬 若輕一切人 吾我不斷 卽自無功德 自性虛妄 法身 無功德
念念德行 平等直心 德卽不輕
常行於敬
自修身 卽功
自修心 卽德
功德 自心作 福與功德別
武帝不識正理 非祖大師有過

20. 서방극락(西方)

(20-1) 위사군이 예배하고 또 물었다.
"제자가 보니 스님과 도교인과 일반인들이 항상 아미타불을 생각하면서 서쪽 나라에 나기를 바랍니다. 청컨대 대사께서는 말씀해 주십시오. 그곳에 날 수가 있습니까? 바라건대, 의심을 풀어 주십시오."
대사께서 말씀하였다.
"사군은 들어라. 부처님께서 사위국에 계시면서 서방정토로 인도하기 위하여 말씀하셨다. 경에 분명히 말씀하기를 '여기서 멀지 않다'고 하였다. 다만 낮은 근기의 사람에게는 멀다고 하고, 지혜로운 사람에게는 가깝다고 말하는 것이다. 사람에는 두 가지가 있으나 법은 그렇지 않다. 미혹함과 깨달음이 달라서 견해에 더디고 빠름이 있을 뿐이다.
미혹한 사람은 염불하여 저곳에 나려고 하지만
깨친 사람은 스스로 그 마음을 깨끗이 한다.
그러므로 부처님께서 '그 마음은 깨끗함을 따라서 부처의 땅도 깨끗하다'고 말씀하셨다.
사군아, 동쪽 사람일지라도 다만 마음이 깨끗하면 죄가 없고, 서쪽 사람일지라도 마음이 깨끗하지 않으면 허물이 있는 것이다.
미혹한 사람은 서쪽 나라에 가서 태어나기를 원하나 동방과 서방은 사람이 있는 곳으로는 마찬가지다.
다만 마음에 더러움이 없으면 서방정토가 여기서 멀지 않고, 마음에 더러운 생각이 일어나면 염불하여 왕생하고자 하여도 이르기 어렵다.
십 악(十惡)을 제거하면 곧 십만 리를 가고, 팔 사(八邪)가 없으면 곧 팔천 리를 지난 것이다. 다만 곧은 마음을 행하면 도달하는 것은 손가락 튕기는 것과 같은 것이다.
사군아, 다만 십 선(十善)을 행하라. 어찌 새삼스럽게 왕생하기를 바랄 것인가. 십 악의 마음을 끊지 못하면 어느 부처가 와서 맞이하겠는가.
만약 남[生]이 없는 돈법(頓法)을 깨치면 서방정토를 찰나에 볼 것이며, 만약 돈교의 큰 가르침을 깨치지 못하면 염불을 하여도 왕생할 길이 멀 것이니, 어떻게 도달하겠는가."

(20-2) 대사께서 말씀하였다.
"혜능이 사군을 위하여 서쪽 나라를 찰나 사이에 옮겨 눈앞에 바로 보게 할 것이니 보기를 바라는가?"
위사군이 예배하며 말하였다.
"만약 여기서 볼 수 있다면 무엇 때문에 서쪽 나라에 가서 나겠습니까? 바라건대 대사께서 자비로써 서쪽 나라를 보여 주면 좋겠습니다."

대사께서 말씀하였다.

"문득 서쪽 나라를 보아 의심이 없을 터이니 당장 흩어져라." 대중들이 놀라 무슨 일인지 영문을 모르자 대사께서 말씀하였다.

"대중은 정신 차리고 들어라. 자기 색신은 성(城)이며 눈[眼], 귀[耳], 코[鼻], 혀[舌], 몸[身]은 성의 문이며 밖으로 다섯 문이 있고 안으로 뜻[意]의 문이 있다.

마음은 곧 땅이요 성품은 곧 왕(王)이니 성품이 있으면 왕이 있고 성품이 가면 왕도 없는 것이다. 성품이 있으면 몸과 마음이 있고 성품이 가면 몸과 마음이 무너지게 된다.

부처는 자기의 성품이 지은 것이니, 몸 밖에서 구하지 말라.

자기의 성품이 미혹하면 부처가 곧 중생이요.

자기의 성품이 깨달으면 중생이 곧 부처이다.

자비는 관음이요. 희사는 세지이며,

능히 깨끗함은 석가요.

평등하고 곧음은 미륵이다.

인상과 아상은 수미산이며 삿된 마음은 큰 바다이며 번뇌는 파랑이며 독한 마음은 악한 용이며 괴로움은 고기와 자라며 허망함은 귀신이며 삼독은 지옥이며 어리석음은 짐승이다.

십 선은 곧 천당이다. 인상과 아상이 없으면 수미산이 저절로 거꾸러지고 삿된 마음을 없애면 바닷물이 마르며, 번뇌가 없으면 파랑이 없어지고 독해(毒害)를 제거하면 고기와 용이 없어지게 된다.

(20-3) 자기의 마음이 땅 위에 깨달은 성품[覺性]의 부처가 큰 지혜를 놓아서 광명이 비추어 여섯 문이 청정하게 되고 욕계의 여섯 하늘을 비추어 부수고, 아래로 비추어 삼독을 제거하면 지옥이 일시에 사라지고 안팎으로 사무쳐 밝으면 서쪽 나라와 다르지 않다. 그러므로 이 수행을 닦지 않고 어찌 피안(彼

岸)에 이르겠는가."

법문을 들은 법좌(法座) 아래서는 찬탄하는 소리가 하늘에 사무치니, 응당 미혹한 사람도 문득 밝게 볼 수 있었다.

위사군이 예배하며 찬탄하여 말하였다.

"훌륭하십니다. 훌륭하십니다! 널리 원합니다. 법계의 중생으로 이 법을 듣는 이는 모두 일시에 깨닫기를 원합니다."

二十. 西方

(20-1) 使君 禮拜 又問 弟子見僧道俗 常念阿彌陀佛 願往生西方
請和尙 說 得生彼否 望爲破疑
大師言 使君 聽 惠能 與說 世尊 在舍衛國 說西方引化 經文 分明去此不遠
只爲下根 說遠 說近 只緣上智 人自兩種 法無不同 迷悟有殊 見有遲疾
迷人 念佛生彼
悟者 自淨其心
所以佛言 隨其心淨 則佛土淨
使君 東方 但淨心 無罪 西方 心不淨 有愆
迷人 願生 東方西方 所在處竝皆一種
心但無不淨 西方 去此不遠
心起不淨之心 念佛往生難到
除十惡 卽行十萬 無八邪 卽過八千 但行直心 到如彈指
使君 但行十善 何須更願往生 不斷十惡之心 何佛 卽來迎請
若悟無生頓法 見西方 只在刹那
不悟頓敎大乘 念佛 往生路遙 如何得達

(20-2) 六祖言 惠能 與使君 移西方刹那間 目前便見 使君 願見否
使君 禮拜 若此得見 何須往生 願和尙 慈悲 爲現西方 大善
大師言 唐見西方無疑 卽散 大衆 愕然 莫知何事
大師曰 大衆 大衆 作意聽 世人 自色身 是城 眼耳鼻舌身 卽是城門 外有五門
內有意門 心卽是地 性卽是王 性在王在 性去王無 性在身心存 性去身心壞
佛是自性作 莫向身外求
自性迷 佛卽衆生
自性悟 衆生卽是佛
慈悲 卽是觀音
喜捨 名爲勢至
能淨 是釋迦
平直是彌勒
人我 是須彌 邪心 是大海 煩惱 是波浪 毒心 是惡龍 塵勞 是魚鱉 虛妄 卽是
神鬼 三毒 卽是地獄 愚癡 卽是畜生
十善 是千堂 無人我 須彌自倒 除邪心 海水竭 煩惱無 波浪滅 毒害除 魚龍絶

(20-3) 自心地上 覺性如來 放大智惠 光明 照耀 六門淸淨 照破六欲諸天 下
照 三毒 若除 地獄 一時消滅 內外明徹 不異西方 不作此修 如何到彼
座下聞說 讚聲 徹天 應是迷人 了然便見
使君 禮拜 讚言善哉善哉 普願法界衆生 聞者一時悟解

21. 수 행(修行)

(21-1) 대사께서 말씀하였다.
"선지식들아, 만약 수행하기를 바란다면 세속에서도 가능한 것이니, 절에 있다고만 되는 것이 아니다. 절에 있으면서 닦지 않으면 서쪽 나라 사람의 마음이 악함과 같고, 세속에 있으면서 수행하면 동쪽 나라 사람이 착함을 닦는 것과 같다. 오직 바라는 것은 자기 스스로 깨끗함을 닦아라. 그러면 그것이 곧 서쪽 나라이다."
위사군이 물었다.
"대사님, 세속에 있으면서 어떻게 닦습니까?"
"선지식들아, 혜능이 도교인과 일반인을 위하여 '무상송'을 지어 주리니 다들 외워 가져라. 이것을 의지하여 수행하면 항상 혜능과 더불어 있는 것이다."
게송을 말씀하였다.

설법도 통달하고 마음도 통달하고 보니
해가 허공에 떠오름과 같으며
오직 돈교의 법만을 전하여
세상에 나와 삿된 가르침을 부수도다.

가르침에는 돈(頓)과 점(漸)이 없으나
미혹함과 깨침에 더디고 빠름이 있으니
만약 돈교의 법을 배우면
어리석은 사람이라도 미혹하지 않느니라.

설명하면 비록 일만 가지이나
그 낱낱을 합하면 다시 하나로 돌아오니
번뇌의 어두운 집 속에서
항상 지혜의 해가 떠오르게 하라.

삿됨은 번뇌를 인연하여 오고

바름[正]이 오면 번뇌가 없어지니
삿됨과 바름을 다 버리면
깨끗하여 남음 없음에 이르도다.

보리는 본래 깨끗하나
마음을 일으키는 것이 곧 망상이며
깨끗한 성품이 망념 가운데 있으니
오직 바르기만 하면 세 가지의 장애를 없애도다.

만약 세간에서 도를 닦더라도
모든 것이 다 방해롭지 않으니
항상 허물을 드러내어 자기에게 있도록 하면
도와 더불어 서로 계합하도다.

형상이 있는 것에는 스스로 도가 있거늘
도를 떠나 따로 도를 찾는지라
도를 찾아도 도를 보지 못하니
마침내 도리어 스스로 고뇌하도다.

만약 애써 도를 찾고자 할진대
행동의 바름이 곧 도이니
스스로 만약 바른 마음이 없으면
어둠 속을 감이라 도를 보지 못하니라.

만약 참으로 도를 닦는 사람이라면
세간의 어리석음을 보지 않으니

만약 세간의 잘못을 보면
자기의 잘못이라 도리어 허물이로다.

남의 잘못은 나의 죄과요
나의 잘못은 스스로 죄 있음이니
오직 스스로 잘못된 생각을 버리고
번뇌를 쳐부수어 버리도다.

만약 어리석은 사람을 교화하고자 하면
모름지기 방편이 있어야 하니
저로 하여금 의심을 깨뜨리게 하라.
이는 곧 보리가 나타남이로다.

법은 원래 세간에 있어서
세간을 벗어나니
세간을 떠나지 말며
밖에서 출세간(出世間)의 법을 구하지 말라.

삿된 견해가 세간이요
바른 견해는 세간을 벗어남이니
삿됨과 바름을 다 물리치면
보리의 성품이 완연하리다.

이는 다만 단박 깨치는 가르침이며
대승이라 이름하니
미혹하면 수많은 세월을 지나나

깨치면 잠깐 사이로다.

二一. 修 行

(21-1) 大師言
善知識 若欲修行 在家 亦得 不由在寺
在寺不修 如西方心惡之人
在家若修行 如東方人修善
但願自家修淸淨 卽是西方
使君 問
和尙 在家如何修 願爲指授
大師言
善知識 惠能 與道俗作無相頌 盡誦取 依此修行 常與惠能 一處無別

頌曰
說通及心通 如日至虛空
唯傳頓敎法 出世破邪宗
敎卽無頓漸 迷悟有遲疾
若學頓敎法 愚人不可迷
說卽雖萬般 合離還歸一
煩惱暗宅中 常須生慧日
邪來因煩惱 正來煩惱除
邪正俱不用 淸淨至無餘
菩提本淸淨 起心卽是妄
淨性在妄中 但正除三障

世間若修道　一切盡不妨
常現在己過　與道卽相當
色類自有道　離道別覓道
覓道不見道　到頭還自懊
若欲貪覓道　行正卽是道
自若無正心　暗行不見道
若眞修道人　不見世間愚
若見世間非　自非却是左
他非我有罪　我非自有罪
但自去非心　打破煩惱碎
若欲化愚人　是須有方便
勿離世間上　外求出世間
勿令破彼疑　卽是菩提見
法元在世間　於世出世間
邪見是世間　正見出世間
邪正悉打却　菩提性宛然
此但是頓敎　亦名爲大乘
迷來經累劫　悟則刹那間

22. 교화를 행하심(行化)

(22-1) 대사께서 말씀하였다.
"선지식들아, 너희들은 이 게송을 외워 가져라. 이 게송을 의지하여 수행하면 천 리를 혜능과 떨어져 있더라도 항상 혜능의 곁에 있는 것이며, 이를 수행하지 않으면 얼굴을 마주하여도 천 리를 떨어져 있는 것이다. 스스로 수행하면 법을 지님이 아니겠느냐.

대중들이여, 그만 흩어져라. 혜능은 조계산으로 돌아갈 것이다. 만약 대중 가운데 큰 의심이 있거든 조계산으로 오너라. 너희를 위하여 의심을 부수어 부처의 성품을 보게 할 것이다."

함께 있던 관료, 스님, 일반인들이 혜능대사께 예배하며 찬탄하지 않는 이가 없었다.

그들은 '훌륭하십니다. 크게 깨침이여! 옛날에는 미처 듣지 못한 말씀입니다. 영남에 복이 있어 산 부처가 여기 계심을 누가 능히 알았겠습니까?' 하고는 한꺼번에 모두 흩어졌다.

(22-2) 대사께서 조계산으로 가서 소주와 광주 두 고을에서 교화하기를 사십여 년이었다.

만약 문인을 말한다면 스님이 삼천이며 재가불자가 오천 명이라 이루 다 말할 수 없으며, 만약 종지를 말한다면 「단경」을 전수하여 의지하고 믿음을 삼게 하였다.

만약 「단경」을 얻지 못하면 곧 법을 이어받지 못한 것이다. 모름지기 간 곳과 년·월·일과 성명을 알아서 서로서로 부촉하되 「단경」을 이어받지 못하면 남종(南宗)의 제자가 아니다. 「단경」을 이어받지 못한 사람은 비록 돈교법을 말하나 아직 근본을 알지 못함이라, 마침내 다툼을 면치 못한 것이다.

그러므로 오로지 법을 얻은 사람에게만 돈교법의 수행함을 권하라. 다툼은 이기고 지는 마음이니 도와는 어긋나는 것이다.

二二. 行化

(22-1) 大師言

善知識 汝等盡誦取此偈 依偈修行 去惠能千里 常在能邊 此不修 對面千里 各各自修 法不相持
衆人 且散 惠能 歸曹溪山 衆人 若有大疑 來彼山間 爲汝破疑 同見佛性
合座官僚道俗 禮拜和尙 無不嗟嘆 善哉 大悟 昔所未聞 嶺南 有福 生佛在此 誰能得知 一時盡散

(22-2) 大師往曹溪山 韶廣二州 行化四十餘年
若論門人 僧之與俗 三五千人 說不盡
若論宗旨 傳授壇經 以此爲依約
若不得壇經 卽無禀受 須知去處年月日姓名 遞相付囑 無壇經禀承 非南宗弟子也 未得禀承者 雖說頓教法 未知根本 終不免諍 但得法者 只勸修行 諍是勝負之心 與道違背

23. 단박에 닦음(頓修)

(23-1) 세상 사람이 전하기를 '남쪽은 혜능이요 북쪽은 신수'라고 하나, 이것은 근본 이유를 모르는 말이다.
또 신수대사는 형남부 당양현 옥천사에 주지하며 수행하고, 혜능대사는 소주성 동쪽 삼십오 리 떨어진 조계산에 머물렀다.
법은 한 종(宗)이나 사람에게 남쪽과 북쪽이 있어 이로 말미암아 남쪽과 북쪽이 서게 되었다.
어떤 것을 '점(漸)'과 '돈(頓)'이라고 하는가?
법은 한 가지되 견해에 더디고 빠름이 있기 때문이다.
견해가 더딘 것은 '점'이며 견해가 빠른 것은 '돈'이다.
법에는 '점'과 '돈'이 없으나 사람에게는 영리함과 우둔함이 있는 까닭으로 '점'

과 '돈'이라고 이름한 것이다.

(23-2) 일찍이 신수대사는 사람들이 혜능대사의 법은 빠르고 곧게 길을 가리킨다고 말하는 것을 들었다.
신수대사는 드디어 문인 지성을 불러 말하였다.
"너는 총명하고 지혜가 많으니, 나를 위하여 조계산으로 가라. 가서 혜능스님의 처소에 이르러 예배하고 듣기만 하되, 내가 보내서 왔다고 하지 말라. 들은 대로 그 뜻을 기억하여 돌아와서 나에게 말하여라. 그래서 혜능대사의 견해와 나와, 누가 빠르고 더딘지를 보게 하여라. 너는 법을 듣고 빨리 오너라. 그래서 내가 괴이하게 여기지 않도록 하라."
지성은 분부를 받들어 반 달쯤 걸려서 조계산에 도달하였다. 그는 혜능대사를 뵙고 예배하여 법문을 들었으나 온 곳을 말하지 않았다. 지성은 법문을 듣고 그 말끝에 문득 깨달아 곧 본래의 마음에 계합하였다. 그는 일어서서 예배하고 말하였다.
"대사님이시여, 제자는 옥천사에서 왔습니다. 신수대사 밑에서 깨치지 못하였으나 대사님의 법문을 듣고 문득 본래의 마음에 계합하였습니다. 대사님께서는 자비로써 가르쳐 주시기 바랍니다."
혜능대사께서 말씀하였다.
"네가 거기에서 왔다면 마땅히 염탐꾼이렷다!"
"말을 하기 전에는 그렇습니다만, 말씀을 드렸으니 이미 아닙니다."
"번뇌가 곧 보리임도 또한 이와 같은 것이다."

(23-3) 대사께서 지성에게 말씀하였다.
"내가 들으니 신수대사께서 가르치기를 오직 계, 정, 혜를 전한다고 하는데, 너의 스승이 사람들에게 가르치는 계, 정, 혜는 어떤 것인가? 마땅히 나를 위해 말해 보아라."

"신수대사님은 계, 정, 혜를 말하기를
'모든 악을 짓지 않는 것을 계라고 하고,
모든 선을 받들어 행하는 것을 혜라고 하며,
스스로 그 뜻을 깨끗이 하는 것을 정이라고 한다.
이것이 곧 계, 정, 혜이다'고 합니다.
그렇다면 대사님의 의견은 어떠한지 알지 못합니다."
"그 법문은 불가사의하나 혜능의 소견은 다르다."
"어떻게 다릅니까?"
"견해에는 더디고 빠름이 있다."
지성이 계, 정, 혜에 대한 혜능의 소견을 청하였다.
"너는 나의 말을 듣고서 나의 소견을 보아라.
마음의 땅에 그릇됨이 없는 것이 자성의 계요,
마음의 땅에 어지러움이 없는 것이 자성의 정이요,
마음의 땅에 어리석음이 없는 것이 자성의 혜이다."
혜능대사께서 말씀하였다.
"너의 계, 정, 혜는 낮은 근기의 사람에게 권하는 것이며,
나의 계, 정, 혜는 높은 근기의 사람에게 권하는 것이다.
자기의 성품을 깨치면 또한 계, 정, 혜도 세우지 않는다.
"대사님께서 세우지 않는다고 말씀하시는 뜻은 어떤 것입니까?"
"자기의 성품은 그릇됨도 없고 어지러움도 없으며 어리석음도 없다. 생각 생각마다 관조하여 지혜롭고 항상 법의 모양을 떠났는데, 무엇을 세우겠는가? 자기의 성품을 단박 닦아라. 세우면 점차가 있으니 그러므로 세우지 않는 것이다."
지성은 예배하고 조계산을 떠나지 아니하고 곧 문인이 되어 대사의 좌우를 떠나지 않았다.

二三. 頓 修

(23-1) 世人 盡傳 南能北秀 未知根本事由
且秀禪師 於荊南府當陽縣玉泉寺 住持修行
惠能大師 於韶州城東 三十五里曹溪山 住
法卽一宗 人有南北 因此便立南北
何名漸頓 法卽一種 見有遲疾 見遲卽漸 見疾卽頓 法無漸頓 人有利鈍故 名漸頓

(23-2) 神秀師嘗見人 說惠能法 疾直指路
秀師遂喚門人僧志誠曰 汝聰明多智 汝與悟至曹溪山 到惠能所 禮拜但聽 莫言吾使汝來 所聽得意旨 記取 却來與吾說 看惠能見解與吾誰疾遲 汝第一早來 勿令吾怪
志誠 奉使歡喜 遂半月中間 卽至曹溪山 見惠能和尙 禮拜卽聽 不言來處 志誠聞法 言下便悟 卽契本心 起立卽禮拜 自言 和尙 弟子從玉泉寺來 秀師處 不得契悟 聞和尙說 便契本心 和尙 慈悲 願當敎示
惠能大師曰 汝從彼來 應是細作
志誠曰 未說時卽是 說了不是
六祖言 煩惱卽是菩提 亦復如是

(23-3) 大師謂志誠曰 吾聞汝禪師敎人 唯傳戒定惠 汝和尙 敎人戒定惠 如何 當爲吾說
志誠曰 秀和尙言 戒定惠
諸惡不作 名爲戒
諸善奉行 名爲惠
自淨其意 名爲定

此卽名爲戒定惠 彼作如是說 知和尙所見 如何
惠能和尙答曰 此說 不可思議 惠能所見 又別
志誠問 何以別
惠能答曰 見有遲疾
志誠 請和尙說所見戒定惠
大師言 汝聽吾說 看吾所見處
心地無非自性戒
心地無亂是自性定
心地無癡自性惠
能大師言 汝戒定惠 勸小根諸人 吾戒定惠 勸上根人 得悟自性 亦不立戒定惠
志誠 言 請大師說不立 如何
大師言 自性 無非無亂無癡 念念般若觀照 常離法相 有何可立 自性頓修 立有漸 此所以不立
志誠 禮拜 便不離曹溪山 卽爲門人 不離大師左右

24. 부처님의 행(佛行)

(24-1) 또 한 스님이 있었는데 법달이라 하였다. 항상「법화경」을 외워 칠 년이 되었으나 마음이 미혹하여 바른 법의 당처(當處)를 알지 못하더니, 와서 물었다.
"경에 대한 의심이 있습니다. 대사님의 지혜가 넓고 크니 의심을 풀어 주시기 바랍니다."
대사께서 말씀하였다.
"법달아, 법은 제법 통달하였으나 너의 마음은 통달하지 못하였구나. 경 자체에는 의심이 없거늘 너의 마음이 스스로 의심하고 있다. 네 마음이 삿되면서 바른 법을 구하는구나.
나의 마음의 바른 정(定)이 곧 경전을 지니고 읽는 것이다. 나는 평생 문자를 모른다. 너는 「법화경」을 가지고 와서 한 품을 읽으라. 내가 들으면 곧 알 것이다."

(24-2) 법달이 경을 가지고 와서 대사를 마주하여 한 편을 읽었다.
혜능대사께서 법화경을 듣고 곧 경전의 뜻을 알았고 이내 법달을 위하여 「법화경」을 설명하였다.
"법달아, 「법화경」에는 많은 말이 없다. 일곱 권이 모두 비유와 인연이다. 부처님께서 널리 삼승을 말씀하신 것은 다만 근기가 둔한 사람을 위함이다.
경 가운데서 분명히 '다른 승(乘)이 있지 아니하고 오로지 일불승(佛乘)뿐이라'고 하셨다."
"법달아, 너는 일불승을 듣고서 이불승을 구하여 너의 자성을 미혹하게 하지 말라. 경 가운데서 어느 곳이 일불승인지를 너에게 말해 줄 것이다.
경에 말씀하기를
'모든 부처님께서는 오직 일대사인연(一大事因緣) 때문에 세상에 나타나셨다.'고 하였다.
이 법을 어떻게 알며 어떻게 닦을 것인가?
사람의 마음이 생각하지 않으면 본래의 근원이 비고 고요하여 삿된 견해를 떠난다. 이것이 곧 일대사인연이다.
안팎이 미혹하지 않으면 곧 양변(兩邊)을 떠난다.
밖으로 미혹하면 모양에 집착하고
안으로 미혹하면 공(空)에 집착한다.
모양에서 모양을 떠나고 공에서 공을 떠나는 것이 곧 미혹하지 않는 것이다.
그러므로 이 법을 깨달아 마음이 열리면 세상에 나타나는 것이다.
마음에 무엇을 여는가?

부처님의 지견을 여는 것이다. 부처님은 깨달음이다.
깨달음은 네 문으로 나누어진다.
깨달음의 지견을 여는 것과
깨달음의 지견을 보이는 것과
깨달음의 지견을 깨침과
깨달음의 지견에 들어가는 것이다.
열고[開] 보이고[示] 깨닫고[悟] 들어감[入]은 한 곳으로부터 들어가는 것이다. 곧 깨달음의 지견으로 자기의 본래 성품을 보는 것이 곧 세상에 나오는 것이다."

(24-3) 대사께서 말씀하였다.
"법달아, 나는 세상 사람들이 언제나 스스로 마음자리로 부처님의 지견은 열고 중생의 지견을 열지 않기를 바란다.
세상 사람의 마음이 삿되면 어리석고 미혹하여 악을 지어 스스로 중생의 지견을 열고, 세상 사람의 마음이 밝아서 지혜를 일으켜 관조하면 스스로 부처님 지견을 여는 것이며, 중생의 지견은 열지 말고 부처님의 지견을 열면 곧 세상에 나오는 것이다."
"법달아, 이것이「법화경」의 일승법이다. 아래로 내려가면서 삼승을 나눈 것은 미혹한 사람을 위한 까닭이니, 너는 오직 일승불만을 의지하라."
"법달아, 마음으로 행하면「법화경」을 굴리고
마음으로 행하지 않으면「법화경」에 굴리게 되니,
마음이 바르면「법화경」을 굴리고
마음이 삿되면「법화경」에 굴리게 된다.
부처님의 지견을 열면「법화경」을 굴리고
중생의 지견을 열면「법화경」에 굴리게 된다."
"힘써 법대로 수행하면 이것이 곧 경을 굴리는 것이다."

법달은 한 번 듣고 크게 깨달아 눈물을 흘리고 감격하여 말하였다.
"대사님이시여, 지금까지 「법화경」을 굴리지 못하였습니다. 7년을 「법화경」에 굴리어 왔습니다. 지금부터는 「법화경」을 굴려서 생각 생각마다 부처님의 행을 수행하겠습니다."
대사께서 말씀하였다.
"부처님 행이 곧 부처님이다."
그때 이 말씀을 들은 사람으로서 깨치지 않은 이가 없었다.

二四. 佛 行

(24-1) 又有一僧 名法達 常誦法華經七年 心迷不知正法之處
來問曰 經上 有疑 大師 智惠廣大 願爲決疑
大師言 法達 法卽甚達 汝心不達 經上無疑 汝心自疑 如心自邪 而求正法
吾心正定 卽是持經 吾一生已來 不識文字 汝將法華經來 對吾讀一遍 吾聞卽知

(24-2) 法達 取經到 對大師讀一遍 六祖聞已 卽識佛意 便與法達說法華經
六祖言 法達 法華經 無多語 七卷 盡是譬喩因緣 如來廣說三乘 只爲世人根鈍 經文分明 無有餘乘 唯一佛乘
大師言 法達 汝聽一佛乘 莫求二佛乘 迷却汝性 經中 何處是一佛乘 與汝說
經云 諸佛世尊 唯以一大事因緣故 出現於世(已上十六字是正法)
此法 如何解 此法 如何修 汝聽吾說
人心 不思 本源 空寂 離却邪見 卽一大事因緣
內外不迷 卽離兩邊
外迷著相

內迷著空
於相離相 於空離空 卽是不迷 悟此法 一念心開 出現於世
心開何物 開佛知見 佛 猶如覺也 分爲四門
開覺知見 示覺知見 悟覺知見 入覺知見
開示悟入 從一處入 卽覺知見 見自本性 卽得出世

(24-3) 大師言 法達 吾常願一切世人 心地 常自開佛知見 莫開衆生知見
世人 心邪 愚迷造惡 自開衆生知見
世人 心正 起智惠觀照 自開佛知見 莫開衆生知見
開佛知見 卽出世
大師言 法達
此是法華經一乘法 向下分三 爲迷人故 汝但依一佛乘
大師言 法達
心行 轉法華 不行 法華轉
心正 轉法華 心邪 法華轉
開佛知見 轉法華
開衆生知見 被法華轉
大師言 努力依法修行 卽是轉經
法達 一聞 言下大悟 涕淚悲泣
自言 和尙 實未曾轉法華 七年被法華轉 已後 轉法華 念念修行佛行
大師言 卽佛行 是佛
其時聽人 無不悟者

25. 예배하고 법을 물음(參請)

(25-1) 그 무렵 지상이라는 스님이 조계산에 와서 혜능대사께 예배하고 사승법(四乘法)을 물었다.

"부처님은 삼승을 말씀하시고 또 최상승을 말씀하셨습니다. 제자는 알지 못하겠으니 가르쳐 주시기 바랍니다."

"너는 자신의 마음으로 보고 바깥 법의 모양에 집착하지 말라. 원래 사승법이란 없는 것이다. 사람의 마음이 스스로 네 가지로 나누어 법에 사승이 있을 뿐이다.

보고 듣고 읽고 외움은 소승이요,

법을 깨쳐 뜻을 앎은 중승이며,

법을 의지하여 수행함은 대승이요,

일만 가지 법을 다 통달하고 일만 가지 행을 갖추어 일체를 떠남이 없되 오직 법의 모양을 떠나고 짓되, 얻는 바가 없는 것이 최상승이다.

승(乘)은 행한다는 뜻이며 입으로 다투는 것에 있지 않다. 너는 모름지기 스스로 닦고 나에게 묻지 말라."

(25-2) 또 한 스님이 있었는데 이름을 신회라고 하였으며 남양사람이다. 조계산에 와서 예배하고 물었다.

"대사님은 좌선하면서 봅니까, 보지 않습니까?"

대사께서 일어나서 신회를 세 차례 때리고 다시 신회에게 물었다.

"내가 너를 때렸다. 아프냐, 아프지 않으냐?"

"아프기도 하고 아프지 않기도 합니다."

"나는 보기도 하고 보지 않기도 한다."

"대사님은 어째서 보기도 하고 보지 않기도 하십니까?"

"내가 본다고 하는 것은 항상 나의 허물을 보는 것이다. 그러므로 본다고 말한다. 보지 않는다고 하는 것은 하늘과 땅, 사람의 허물과 죄를 보지 않는 것이다. 그 까닭에 보기도 하고 보지 않기도 하는 것이다. 네가 아프기도 하고 아프지 않기도 한다고 했는데 어떤 것이냐?"

"만약 아프지 않다고 하면 곧 무정인 나무와 돌과 같고, 아프다 하면 곧 보통 사람과 같아서 이내 원한을 일으킬 것입니다."

"신회야, 앞에서 본다고 한 것과 보지 않는다고 한 것은 양변(兩邊)이며, 아프고 아프지 않음은 생멸이다. 너는 자성을 보지도 못하면서 감히 사람을 희롱하려 드는가?"

신회가 예배하고 다시 더 말하지 않으니, 대사께서 말씀하였다.

"네 마음이 미혹하여 보지 못하면 선지식에게 물어서 길을 찾아라. 마음을 깨쳐 스스로 보게 되면 법을 의지하여 수행하라. 스스로 미혹하여 자기 마음을 보지 못하면서 도리어 혜능의 보고 보지 않음을 묻느냐?

내가 보는 것은 나 스스로 아는 것이라 너의 미혹함을 대신할 수 없다. 만약 네가 스스로 본다면 나의 미혹함을 대신하겠느냐? 어찌 스스로 닦지 아니하고 나의 보고 보지 않음을 묻느냐?"

신회가 절하고 바로 문인이 되어 조계산을 떠나지 않고 항상 좌우에서 모셨다.

二五. 參 請

(25-1) 時有一僧 名知常 來曹溪山 禮拜和尙 問四乘法義
智常 問和尙曰 佛說三乘 又言最上乘 弟子不解 望爲敎示
惠能大師曰 汝自身心見 莫著外法相 元無四乘法 人心自有四等 法有四乘
見聞讀誦 是小乘
悟法解義 是中乘
依法修行 是大乘

萬法盡通 萬行俱備 一切無離 但離法相 作無所得是最上乘
乘是行義 不在口諍 汝須自修 莫問吾也

(25-2) 又有一僧 名神會 南陽人也 至曹溪山
禮拜問言 和尙坐禪 見 亦不見
大師起打神會三下 却問神會 吾打汝 痛不痛
神會答言 亦痛亦不痛
六祖言曰 吾亦見亦不見
神會又問
大師 何以亦見亦不見
大師言 吾亦見 常見自過患 故云亦見 亦不見者 不見天地人過罪 所以亦見亦不見 汝 亦痛亦不痛 如何
神會答曰 若不痛 卽同無情木石 若痛 卽同凡夫 卽起於恨
大師言 神會 向前 見不見 是兩邊 痛不痛 是生滅 汝自性 且不見 敢來弄人
神會禮拜 更不言
大師言 汝心迷不見 問善知識覓路 以心悟自見 依法修行 汝自迷 不見自心 却來問惠能見否 吾見自知 代汝迷不得 汝若自見 代得吾迷 何不自修 問吾見否
神會作禮 便爲門人 不離曹溪山中 常在左右

26. 상대법(對法)

(26-1) 대사께서 드디어 문인 법해, 지성, 법달, 지상, 지통, 지철, 지도, 법진, 법여, 신회 등을 불렀다.
대사께서 말씀하였다.

"너희들 열 명의 제자들은 앞으로 가까이 오너라. 너희들은 다른 사람들과 같지 않으니, 내가 세상을 떠난 뒤에 너희들은 각각 한 곳의 어른이 될 것이다. 그러므로 내가 너희들에게 법 설하는 것을 가르쳐서 근본 종취를 잃지 않게 할 것이다.

삼과의 법문[三科法門]을 들고 동용삼십육대(動用三十六對)를 들어서 나오고 들어감에 곧 양변을 여의도록 하여라.

모든 법을 설하되 성품과 모양을 떠나지 말라. 만약 사람들이 법을 묻거든 말을 다 쌍(雙)으로 해서 모두 대법(對法)을 취하여라. 가고 오는 것이 서로 인연하여 구경하는 두 가지 법을 다 없애고 다시 가는 곳마저 없게 하라.

삼과법문이란 음(陰)과 계(界)와 입(入)이다.

음은 오음(五陰)이며, 계는 십팔계(十八界)며, 입은 십이입(十二入)이다.

어떤 것을 오음이라고 하는가? 색음, 수음, 상음, 행음, 식음이다.

어떤 것을 십팔계라고 하는가? 육진(六塵), 육근(六根), 육식(六識)이다.

어떤 것을 십이입(十二入)이라고 하는가? 바깥의 육진과 안의 육근이다.

어떤 것을 육진이라고 하는가? 색, 성, 향, 미, 촉, 법이다.

어떤 것을 육근이라고 하는가? 안, 이, 비, 설, 신, 의이다.

법의 성품이 육식인 안식, 이식, 비식, 설식, 신식, 의식의 육식과 육근과 육진을 일으키고 자성은 만법을 포함하니, 함장식(含藏識)이라고 이름한다.

생각하면 곧 식(識)이 작용하여 육식이 생겨 육근으로 나와 육진을 본다. 이것이 삼(三) 육(六)은 십팔(十八)이다.

자성이 삿되므로 열여덟 가지 삿됨이 일어나고, 자성이 바름[正]을 포함하면 열여덟 가지 바름이 일어나는 것이다.

악의 작용을 지니면 곧 중생이며, 선이 작용하면 곧 부처이다.

작용들은 무엇으로 말미암는가? 자성의 대법으로 말미암는다.

(26-2) 바깥 경계인 무정(無情)에 다섯 대법이 있다.

하늘과 땅이 상대이며,
해와 달이 상대이며,
어둠과 밝음이 상대이며,
음과 양이 상대이며,
물과 불이 상대이다.

논란하는 말[語]과 직언하는 말[言]의 대법과 법과 형상의 대법에 열두 가지가 있다.
유위와 무위, 유색과 무색이 상대이며,
유상과 무상이 상대이며,
유루와 무루가 상대이며,
현상[色]과 공이 상대이며,
움직임과 고요함이 상대이며,
맑음과 흐림이 상대이며,
범(凡)과 성(聖)이 상대이며,
승(僧)과 속이 상대이며,
늙음과 젊음이 상대이며,
큼과 작음이 상대이며,
길고 짧음이 상대이며,
높음과 낮음이 상대이다.

자성을 일으켜 작용하는 대법에 열아홉 가지가 있다.
삿됨과 바름이 상대이며,
어리석음과 지혜가 상대이며,
미련함과 슬기로움이 상대이며,
어지러움과 선정이 상대이며,

실(實)과 허(虛)가 상대이며,
험함과 평탄함이 상대이며,
번뇌와 보리가 상대이며,
사랑과 해침이 상대이며,
기쁨과 성냄이 상대이며,
버림과 아낌이 상대이며,
나아감과 물러남이 상대이며,
남[生]과 없어짐[滅]이 상대이며,
항상 함과 덧없음이 상대이며,
법신과 색신이 상대이며,
화신과 보신이 상대이며,
본체와 작용이 상대이며,
성품과 모양이 상대이다.

유정과 무정의 대법인 어(語), 언(言)과 법(法), 상(相)에 열두 가지 대법이 있고, 바깥 경계인 무정에 다섯 가지 대법이 있으며, 자성이 일으켜 작용하는 데 열아홉 가지의 대법이 있어서 모두 서른여섯 가지 대법을 이루는 것이다. 이 삼십육 대법을 알아서 쓰면 일체의 경전에 통하여 출입에 곧 양변을 떠난다.
어떻게 자성이 기용(起用)하는가?
삼십육 대법은 사람의 언어와 더불어 하나
밖으로 나와서는 모양에서 모양을 떠나고,
안으로 들어와서는 공(空)에서 공을 떠나니,
공에 집착하면 오직 무명만 기르고
모양에 집착하면 오직 사견만 기르게 된다.
법을 비방하면서 말하기를 '문자는 쓰지 않는다.'라고 한다.
그러나 이미 문자를 쓰지 않는다고 말하려면 말하지도 않아야 옳은 것이다. 언어가 곧 문자이기 때문이다.
자성에 대해서 공(空)을 말하나 바른 말로 말하면 본래의 성품은 공하지 않으니 미혹하여 스스로 현혹됨은 말들이 삿된 까닭이다.
어둠이 스스로 어둡지 아니하나 밝음 때문에 어두운 것이다.
어둠이 스스로 어둡지 아니하나 밝음으로써 변화하여 어둡고, 어둠으로써 밝음이 나타나니, 오고감이 서로 인연한 것이다.
삼십육 대법도 또한 이와 같다."

(26-3) 대사께서 열 명의 제자들에게 말씀하였다.
"이후에 법을 전하되 서로가 이 한 권의 「단경」을 가르쳐 주어 본래의 종취를 잃어버리지 않게 하라. 「단경」을 이어받지 않는다면 나의 종지가 아니다. 이제 얻었으니 대대로 유포하여 행하게 하라. 「단경」을 얻은 이는 내가 친히 주는 것과 같으며 나를 만남과 같다."
열 명의 스님들이 가르침을 받아 마치고 「단경」을 베껴 써서 대대로 널리 퍼지게 하니, 단경을 얻는 이는 반드시 자성을 볼 것이다.

二六. 對 法

(26-1) 大師遂喚門人法海, 志誠, 法達, 智常, 志通, 志徹, 志道, 法珍, 法如, 神會.
大師言 汝等拾弟子 近前 汝等 不同餘人 吾滅度後 汝各爲一方頭 吾敎汝說法 不失本宗
擧三科法門 動用三十六對 出沒 卽離兩邊
說切一法 莫離於性相 若有人 問法 出語盡雙 皆取法對 來去相因 究竟 二法盡除 更無去處

三科法門者 蔭界入 蔭是五蔭 界是十八界 入是十二入
何名五蔭 色蔭, 受蔭, 想蔭, 行蔭, 識蔭 是
何名十八界 六塵, 六門, 六識
何名十二入 外六塵 中六門
何名六塵 色聲香味觸法 是
何名六門 眼耳鼻舌身意 是
法性 起六識 眼識耳識鼻識舌識身識意識 六門六塵 自性 含萬法 名爲含藏識
思量卽轉識 生六識 出六門見六塵 是三六十八
由自性邪 起十八邪 含自性正 起十八正
含惡用卽衆生 善用卽佛
用由何等 由自性對

(26-2) 外境無情 對有五
千與地對 日與月對 暗與明對 陰與陽對 水與火對
語與言對 法與相對 有十二對
有爲無爲有色無色對
有相無相對
有漏無漏對
色與空對,
動與靜對,
淸與濁對,
凡與聖對
僧與俗對,
老與少對,
大大與小小對,
長與短對,

高與下對
自性起用對 有十九對
邪與正對 癡與惠對 愚與智對 亂與定對 戒與非對 直與曲對 實與虛對 險與平對 煩惱與菩提對 慈與害對 喜與嗔對 捨與慳對 進與退對 生與滅對 常與無常對 法身與色身對 化身與報身對 體與用對 性與相對 有情無情對

言語 與法相有十二對 外境有無情五對 自性起有十九對 都合成三十六對法也
此三十六對法 解用 通一切經 出入 卽離兩邊
如何自性起用 三十六對共人言語
出外 於相離相
入內 於空離空
著空卽惟長無明
著相惟長邪見
謗法 直言不用文字 旣云不用文字 人不合言語 言語卽是文字 自性 上說空 正語言 本性 不空 迷自惑 語言邪故 暗不自暗 以明故暗 暗不自暗 以明變暗 以暗現明 來去相因 三十六對 亦復如是

(26-3) 大師言 十弟子 已後傳法 遞相敎授一卷壇經 不失本宗 不稟受壇經 非我宗旨 汝今得了 遞代流行 得遇壇經者 如見吾親授
拾僧 得敎授已 寫爲壇經 遞代流行 得者必當見性

27. 참됨과 거짓(眞假)

(27-1) 대사께서는 선천 이 년(713년) 8월 3일에 열반에 들었다.

7월 8일에 문인들을 불러 고별하고, 선천 원 년에 신주 국은사에 탑을 만들고 선천 이 년 7월에 이르러 작별을 고하였다.

대사께서 말씀하였다.

"너희들은 가까이 오너라. 나는 8월이 되면 세상을 떠나고자 하니 너희들은 의심이 있거든 빨리 물어라. 너희들을 위하여 의심을 부수어 마땅히 미혹을 없애 너희들로 하여금 안락하게 할 것이다. 내가 떠난 뒤에는 너희들을 가르쳐 줄 사람이 없다."

법해를 비롯한 여러 스님이 눈물을 흘리며 슬퍼했으나, 오직 신회만이 꼼짝하지 아니하고 울지도 않으니 대사께서 말씀하였다.

"어린 신회는 도리어 좋고 나쁜 것에 대하여 평등함을 얻어 헐뜯고 칭찬함에 움직이지 않으나, 나머지 사람들은 그렇지 못하구나. 그렇다면 여러 해 동안 산중에서 무슨 도를 닦았는가?

너희가 지금 슬퍼 우는 것은 또 누구를 위함인가?

나의 가는 곳을 너희가 몰라서 근심하는 것인가?

만약 내가 가는 곳을 모른들 마침내 너희에게 고별하지 않겠느냐? 너희들이 슬피 우는 것은 나의 가는 곳을 몰라서이다. 만약 가는 곳을 안다면 슬피 울지 않을 것이다.

자성의 본체는 남도 없고 없어짐도 없으며 감도 없고, 옴도 없다.

너희들은 모두 앉아라. 내 너희들에게 한 게송을 줄 것이니, 진가동정게(眞假動靜偈)이다. 너희들이 이 게송을 외워 뜻을 알면 너희는 나와 더불어 같을 것이다. 이것을 의지하여 수행하며 종지를 잃지 말라."

제자들이 예배하고 대사께서 게송 남기기를 청하고 공경하는 마음으로 받아 가졌다.

모든 것에 진실이 없으니
진실로 보려고 하지 말라.

만약 진실을 본다 해도
그 보는 것은 다 진실이 아니다.

만약 능히 자기에게 진실이 있다면
거짓을 떠나는 것이 곧 마음의 진실이다.
자기의 마음이 거짓을 여의지 않아 진실이 없거늘,
어느 곳에 진실이 있겠는가?

유정은 곧 움직일 줄을 알고
무정은 움직이지 않으니
만약 움직이지 않는 행을 닦는다면
무정의 움직이지 않음과 같다.

만약 참으로 움직이지 않음을 본다면
움직임 위에 움직이지 않음이 있으니,
움직이지 않음이 움직이지 않음이면
뜻도 없고 부처의 씨앗도 없도다.

능히 모양을 잘 분별하되
첫째 뜻은 움직이지 않는다.
만약 깨쳐서 이 견해를 지으면
이것이 곧 진여의 말씀이니라.

모든 도를 배우는 이에게 말하노니
모름지기 힘써 뜻을 써서
대승의 문에서

도리어 생사의 지혜에 집착하지 말라.

앞의 사람이 서로 응하면
곧 함께 부처님 말씀을 의논하려니와
만약 실제로 서로 응하지 않으면
합장하여 환희케 하라.

이 가르침은 본래 다툼이 없음이라
다투게 되면 도의 뜻을 잃으리오.
미혹함에 집착하여 법문을 다투면
자성이 생사에 들어가느니라.

二七. 眞假

(27-1) 大師先天二年八月三日 滅度 七月八日 喚門人告別
大師先天元年 於新州國恩寺造塔 至先天二年七月告別
大師言 汝衆 近前 吾至八月欲離世間 汝等 有疑早問 爲汝破疑 當令迷者盡
使汝安樂 吾若去後無人敎汝
法海等衆僧 聞已 涕淚悲泣 唯有神會 不動亦不悲泣
六祖言 神會小僧 却得善不善等 毀譽不動 餘者 不得 數年 山中更修何道 汝
今悲泣 更有阿誰 憂吾不知去處在 若不知去處 終不別汝 汝等悲泣 卽不知吾
去處 若知去處 卽不悲泣
性體 無生無滅 無去無來
汝等 盡坐 吾與汝一偈 眞假動靜偈 汝等 盡誦取 見此偈意 汝與吾同 依此修
行 不失宗旨 僧衆禮拜 請大師留偈 敬心受持

偈曰

一切無有眞 不以見於眞
若見於眞者 是見盡非眞
若能自有眞 離假卽心眞
自心不離假 無眞何處眞
有情卽解動 無情卽不動
若修不動行 同無情不動
若見眞不動 動上有不動
不動是不動 無情無佛種
能善分別相 第一義不動
若悟作此見 則是眞如用
報諸學道者 努力須用意
莫於大乘門 却執生死智
前頭人相應 卽共論佛語
若實不相應 合掌令歡喜
此敎本無諍 無諍失道意
執迷諍法門 自性入生死

28. 게송을 전함(傳偈)

(28-1) 대중 스님들은 다 듣고 대사의 뜻을 알았으며, 다시는 감히 다투지 아니하고 법을 의지하여 수행하였다. 대중이 일시에 예배하니, 곧 대사께서 세상에 오래 머물지 않을 것을 알았다.

상좌인 법해가 앞으로 나와 여쭈었다.

"스승이시여, 스승께서 가신 뒤에 가사와 법을 마땅히 누구에게 부촉하시겠습니까?"
대사께서 말씀하였다.
"법은 전하여 마쳤으니 너희는 모름지기 묻지 말라. 내가 떠난 뒤 이십 년에 삿된 법이 요란하니 나의 종지를 혼란케 할 것이다. 그러나 어떤 사람이 나와서 몸과 목숨을 아끼지 않고 불교의 옳고 그름을 결정하여 종지를 세울 것이니, 이것이 곧 나의 바른 법이다. 그러므로 가사를 전하는 것은 옳지 않다.
너희가 믿지 않겠지만 내가 선대의 다섯 분 조사께서 가사를 전하고 법을 부촉하신 게송들을 외워 주겠다.
만약 제일 조 달마조사의 게송의 뜻에 따르면 곧 가사를 전하는 것은 옳지 않다. 잘 들어라. 내가 너희를 위하여 외우겠다."

제일 조 달마대사의 게송을 말씀하였다.

내 본시 당나라에 와서
불법을 전하여 중생을 구하니
한 꽃에 다섯 잎이 열리어
그 결과가 자연히 이루리로다.

제이 조 혜가대사의 게송을 말씀하였다.

본래 땅이 있는 까닭에
땅으로 부터 씨앗 꽃 피니,
만약 본래 땅이 없다면
꽃이 어느 곳으로부터 피어나리오.

제삼 조 승찬대사의 게송을 말씀하였다.

꽃씨가 비록 땅을 인연하여
땅 위에 씨앗 꽃을 피우나,
꽃씨는 나는 성품이 없으니
땅에도 또한 남이 없도다.

제사 조 도신대사의 게송을 말씀하였다.

꽃씨에 나는 성품 있어
땅을 인연하여 씨앗 꽃이 피나,
앞의 인연이 화합하지 않으면
모든 것이 다 나지 않는다.

제오 조 홍인대사의 게송을 말씀하였다.

유정이 와서 씨를 뿌리니
무정이 꽃을 피우고
정도 없고 씨앗도 없으니
마음 땅에 또한 남이 없도다.

제육 조 혜능의 게송을 말하였다.

마음의 땅이 씨앗의 뜻을 머금으니
법의 비가 꽃을 피운다.
스스로 꽃의 뜻을 씨앗이 깨달으니
보리의 열매가 스스로 이루도다.

혜능대사께서 말씀하였다.
너희들은 내가 지은 두 게송을 들어라. 달마스님의 게송의 뜻을 취하였으니 너희 미혹한 사람들은 이 게송을 의지하여 수행하라. 그러면 반드시 자성을 볼 것이다.

첫째 게송에 말씀하였다.

마음 땅에 삿된 꽃이 피니
다섯 잎이 뿌리를 좇아 따르고
함께 무명의 업을 지어
업의 바람에 나부낌을 보다.

둘째 게송에 말씀하였다.

마음 땅에 바른 꽃이 피니
다섯 잎이 뿌리를 좇아 따르고,
함께 반야의 지혜를 닦으니
장차 오실 부처님의 깨달음이다.

혜능대사께서 게송을 마치시고 대중을 해산시켰다.
밖으로 나온 문인들은 대사께서 세상에 오래 머물지 않으실 것을 알았다.

二八. 傳偈

(28-1) 衆僧 既聞 識大師意 更不敢諍 依法修行 一時禮拜 卽知大師不永住

世
上座法海向前言 大師 大師去後 衣法 當付何人
大師言 法即付了 汝不須問 吾滅後二十餘年 邪法撩亂 惑我宗旨 有人出來
不惜身命 定佛教是非 竪立宗旨 即是吾正法 衣不合傳 汝不信 吾與誦先代五
祖傳衣付法頌
若據第一祖達摩頌意 即不合傳衣 聽 吾與汝誦

頌曰
第一祖 達摩和尙 頌曰

吾本來唐國 傳敎救迷情
一花開五葉 結果自然成

第二祖 惠可和尙 頌曰

本來緣有地 從地種花生
當本元無地 花從何處生

第三祖 僧璨和尙 頌曰

花種雖因地 地上種花生
花種無生性 於地亦無生

第四祖 道信和尙 頌曰

花種有生性 因地種花生

先緣不和合 一切盡無生

第五祖 弘忍和尚 頌曰

有情來下種 無情花卽生
無情又無種 心地亦無生

第六祖 惠能和尚 頌曰

心地含情種 法雨卽花生
自悟花情種 菩提果自成
能大師言
汝等聽吾作二頌
取達摩和尚頌意 汝迷人依此頌修行 必當見性

第一頌曰

心地邪花放 五葉逐根隨
共造無明業 見被業風吹

第二頌曰

心地正花放 五葉逐根隨
共修般若惠 當來佛菩提
六祖說偈已了 放眾生散
門人出外思唯 卽知大師不久住世

29. 법을 전한 계통(傳統)

(29-1) 그 뒤, 혜능대사께서는 8월 3일에 이르러 공양 끝에 말씀하였다.
"너희들은 차례대로 앉아라. 내 이제 너희들과 작별할 것이다."
법해가 여쭈었다.
"돈교법의 전수는 예로부터 지금까지 몇 대입니까?"
혜능대사께서 말씀하였다.
"처음은 일곱 부처님으로부터 전수되었으니,
석가모니불은 그 일곱째이다. 그 후로 법은 다음과 같이 전해졌다.

제팔 대가섭,
제구 아난,
제십 말전지,
제십일 상나화수,
제십이 우바국다,
제십삼 제다가,
제십사 불타난제,
제십오 불타밀다,
제십육 협비구,
제십칠 부나사,
제십팔 마명,
제십구 비라장자,
제이십 용수,
제이십일 가나제바,
제이십이 라후라,
제이십삼 승가나제,

제이십사 승가야사,
제이십오 구마라타,
제이십육 사야타,
제이십칠 바수반다,
제이십팔 마나라,
제이십구 학륵나,
제삼십 사자비구,
제삼십일 사나바사,
제삼십이 우바굴,
제삼십삼 승가라,
제삼십사 수바밀다,
제삼십오 남천축국 왕자 셋째 아들 보리달마,
제삼십육 당나라스님 혜가,
제삼십칠 승찬,
제삼십팔 도신,
제삼십구 홍인,
나 혜능이 지금 부처님 법을 받은 것은 사십 대이다."

대사께서 말씀하였다.
"오늘 이후로는 서로서로 전수하여 모름지기 의지하고 믿어서 종지를 잃지 말라."

二九. 傳 統

(29-1) 六祖後至八月三日 食後

大師言 汝等著位坐 吾今共汝等別

法海問言 此頓教法傳授 從上已來 至今幾代

六祖言 初傳授七佛

釋迦牟尼佛 第七

大迦葉 第八

阿難 第九

末田地 第十

商那和修 第十一

優婆掬多 第十二

提多迦 第十三

佛陀難提 第十四

佛陀蜜多 第十五

脇比丘 第十六

富那奢 第十七

馬鳴 第十八

毗羅長者 第十九

龍樹 第廿

迦那提婆 第廿一

羅㬋羅 第廿二

僧迦那提 第廿三

僧迦耶舍 第廿四

鳩摩羅馱 第廿五

馴耶多 第廿六

婆修盤多 第廿七

摩拏羅 第廿八

鶴勒那 第廿九

師子比丘 第三十
舍那婆斯 第三十一
優婆堀 第三十二
僧迦羅 第三十三
須婆蜜多 第三十四
南天竺國 王子第三子 菩提達摩 第三十五
唐國僧惠可 第三十六
僧璨 第三十七
道信 第三十八
弘忍 第三十九
惠能自身當今受法 第四十
大師言 今日已後 遞相傳授 須有依約 莫失宗旨

30. 참 부처(眞佛)

(30-1) 법해가 또 여쭈었다.
"스승께서 이제 가시면 무슨 법을 부촉하여 남기시어, 뒤 사람으로 하여금 어떻게 부처님을 보게 하시렵니까?"
혜능대사께서 말씀하였다.
"너희들은 들어라. 뒤 세상의 미혹한 사람이 중생을 알면 곧 능히 부처를 볼 것이다. 만약 중생을 알지 못하면 만 겁토록 부처를 찾아도 보지 못할 것이다. 내가 지금 너희로 하여금 중생을 알아 부처를 보게 하려고 다시 '견진불해탈송(見眞佛解脫頌)'를 남기니, 미혹하면 부처를 보지 못하고 깨친 이는 곧 볼 것이다."
"법해는 듣기를 바라며 대대로 유전하여 세세생생에 끊어지지 않게 할 것입니다."
혜능대사께서 말씀하였다.
"내 너희들을 위하여 말해 주겠다.
만약 뒤 세상 사람들이 부처를 찾고자 하면 자기 마음의 중생과 함께 있음을 알라. 그러면 능히 부처를 알게 될 것이며, 부처는 중생을 인연하기 때문에, 중생을 떠나서는 부처의 마음이 없는 것이다."

미혹하면 부처가 중생이요
깨치면 중생이 부처이며

우치하면 부처가 중생이요
지혜로우면 중생이 부처이니라.

마음이 험악하면 부처가 중생이요
마음이 평등하면 중생이 부처이니

한 평생 마음이 험악하면
부처가 중생 속에 있도다.

만약 한 생각 깨쳐 평등하면
곧 중생이 스스로 부처이니

내 마음에 스스로 부처가 있음이라
자기 부처가 참 부처이니

만약 자기에게 부처의 마음이 없다면

어느 곳을 향하여 부처를 구하리오.

(30-2) 대사께서 말씀하였다.
"너희 문인들은 잘 있어라. 내가 게송 하나를 남기니 '자성진불해탈송'이라고 이름할 것이다.
뒤 세상에 미혹한 사람이 이 게송의 뜻을 들으면 곧 자기의 마음, 자기의 성품의 참 부처를 볼 것이다. 너희에게 이 게송을 주면 이제 작별이다."

진여의 깨끗한 성품이 참 부처요
삿된 견해의 삼독이 곧 참 마군(魔軍)이니라.
삿된 생각 가진 사람은 마군이 집에 있고,
바른 생각 한 사람은 부처가 곧 찾아오도다.

성품 가운데서 삿된 생각인 삼독이 나나니,
곧 마왕이 와서 집에 살고
바른 생각이 삼독의 마음을 스스로 없애면
마군이 변하여 부처 되나니, 참 되어 거짓이 없도다.

화신과 보신과 정신이여,
세 몸이 원래 한 몸이니
만약 자신(自身)에게서 스스로 보는 것을 찾는다면
곧 부처님의 깨달음을 성취하는 씨앗이니라.

본래 화신으로부터 깨끗한 성품 나는지라,
깨끗한 성품은 항상 화신 속에 있고
성품이 화신으로 하여금 바른 길을 행하게 하면

장차 원만하여 참됨이 다함 없도다.

음욕의 성품은 본래 몸의 깨끗한 씨앗이니,
음욕을 없애고는 깨끗한 성품의 몸이 없다.
다만 성품 가운데 있는 다섯 가지 욕심을 스스로 여의면
찰나에 성품을 보나니, 그것이 곧 참[眞]이로다.

만약 금생에 돈교의 법문을 깨치면
곧 눈앞에 세존을 보려니와
만약 수행하여 부처를 찾는다고 할진대
어느 곳에서 참됨을 구해야 할지 모르도다.

만약 몸 가운데 스스로 참됨 있다면
그 참됨 있음이 곧 성불하는 씨앗이니라.
스스로 참됨을 구하지 않고 밖으로 부처를 찾으면,
가서 찾음은 곧 크게 어리석은 사람이로다.

돈교의 법문을 이제 남겼나니
세상 사람을 구제하고 모름지기 스스로 닦아라.
이제 세간의 도를 배우는 이에게 알리노니,
이에 의지하지 않으면 크게 부질 없으리로다.

三十. 眞佛

(30-1) 法海又白 大師今去 留付何法 令後代人 如何見佛

六祖言 汝聽 後代迷人 但識衆生 卽能見佛 若不識衆生 覓佛萬劫 不得見也
吾今敎汝 識衆生 見佛 更留見眞佛解脫頌 迷卽不見佛 悟者卽見
法海願聞 代代流傳 世世不絶
六祖言 汝聽 吾與汝說 後代世人 若欲覓佛 但識自心衆生 卽能識佛卽緣有衆生 離衆生無佛心

迷卽佛衆生 悟卽衆生佛
愚癡佛衆生 智惠衆生佛
心險佛衆生 平等衆生佛
一生心若險 佛在衆生中
一念悟若平 卽衆生自佛
我心自有佛 自佛是眞佛
自若無佛心 向何處求佛

(30-2) 大師言 汝等門人 好住 吾留一頌 名自性眞佛解脫頌 後代迷人 聞此頌意 卽見自心自性眞佛 與汝此頌 吾共汝別

頌曰

眞如淨性是眞佛 邪見三毒是眞魔
邪見之人魔在舍 正見之人佛則過
性中邪見三毒生 卽是魔王來住舍
正見自除三毒心 魔變成佛眞無假
化身報身及淨身 三身元本是一身
若向身中覓自見 卽是成佛菩提因
本從化身生淨性 淨性常在化身中

性使化身行正道 當來圓滿眞無窮
淫性本身淸淨因 除淫卽無淨性身
性中但自離五欲 見性刹那卽是眞
今生若悟頓敎門 悟卽眼前見世尊
若欲修行云覓佛 不知何處欲求眞
若能身中自有眞 有眞卽是成佛因
自不求眞外覓佛 去覓摠是大癡人
頓敎法門今已留 救度世人須自修
今報世間學道者 不依此是大悠悠

31. 멸 도(滅度)

(31-1) 대사께서 게송을 마치고 문인들에게 알렸다.

"너희들은 잘 있어라. 이제 너희들과 작별이다. 내가 떠난 뒤에 세상의 인정으로 슬피 울거나, 사람들의 조문과 돈과 비단을 받지 말며, 상복을 입지 말라. 성인의 법이 아니면 나의 제자가 아니다.

내가 살아 있던 날과 한 가지로 일시에 단정히 앉아서 움직임도 없고 고요함도 없으며, 남도 없고 없어짐도 없으며, 감도 없고 옴도 없으며, 옳음도 없고 그름도 없으며, 머무름도 없고, 감도 없어서 자연히 적정하면 이것이 큰 도이다. 내가 떠난 뒤에 오직 법에 의지하여 수행하면 내가 있던 날과 한 가지일 것이나, 내가 만약 세상에 있더라도 너희가 가르치는 법을 어기면 내가 있은들 이익이 없는 것이다."

대사께서 이 말씀을 마치시고 밤 삼경에 이르러 문득 돌아가시니, 대사의 춘추는 일흔여섯 이었다.

(31-2) 대사께서 돌아가신 날, 절 안은 기이한 향내가 가득하여 여러 날이 지나도 흩어지지 않았고, 산이 무너지고 땅이 진동하며 숲의 나무가 희게 변하고 해와 달은 광채가 없고 바람과 구름이 빛을 잃었다.
8월 3일에 돌아가시고 동짓날에 이르러 대사님의 영구를 모시어 조계산에 장사 지내니, 용감(龍龕) 속에서 흰 빛이 나타나 곧장 하늘 위로 솟구치다가 이틀 만에 비로소 흩어졌다.
소주 자사 위거는 비(碑)를 세우고 지금까지 공양함을 기록하였다.

三一. 滅度

(31-1) 大師說偈已了 遂告門人曰 汝等 好住 今共汝別
吾去已後 莫作世情悲泣 而受人弔問錢帛 著孝衣 卽非聖法 非我弟子
如吾在日一種 一時端坐 但無動無靜 無生無滅 無去無來 無是無非 無住無往 坦然寂靜 卽是大道
吾去已後 但依法修行 共吾在日一種 吾若在世 汝違敎法 吾住無益
大師云此語已 夜至三更 奄然遷化 大師春秋七十有六

(31-2) 大師滅度之日 寺內異香氳氳 經數日不散 山崩地動 林木變白 日月無光 風雲失色
八月三日 滅度 至十一月 迎和尙神座於曹溪山葬 在龍龕之內 白光 出現 直上衝天 二日始散 韶州刺使韋遽立碑 至今供養

후 기(後記)

이 「단경」은 상좌인 법해스님이 모은 것이다.
법해스님이 돌아가니 같이 배운 도제스님에게 부촉하였고, 도제스님이 돌아가니 문인 오진스님에게 부촉하였는데, 오진스님은 영남 조계산 법흥사에서 지금 이 법을 전수하고 있다.
만약 이 법을 부촉하려면 모름지기 상근기의 지혜라야 하며, 마음으로 불법을 믿어 큰 자비를 세우고 이 경을 지니고 읽어 의지로 삼아 이어받아서 지금까지 끊이지 않는다.
법해스님은 본래 소주 곡강현 사람이다. 여래께서 열반하시고 법의 가르침이 동쪽 땅으로 흘러서 머무름이 없음을 함께 전하니, 곧 나의 마음이 머무름이 없음이다.
진정한 보살이 참된 종취를 설하고 진실한 비유를 하여 오직 큰 지혜의 사람만을 가르치니, 이것이 뜻의 의지하는 바이다. 무릇 제도하기를 서원하고 수행하고 수행하되, 어려움을 만나서는 물러서지 않고, 괴로움을 만나서도 능히 참아 복과 덕이 깊고 두터워야만 비로소 이 법을 전할 것이다.
만약 근성이 감내하지 못하고 재량이 좋지 못하면 모름지기 이 법을 구하더라도 법을 어긴 적 없는 이에게는 망령되이 「단경」을 부촉하지 말 것이니, 도를 같이 하는 모든 이에게 알려 비밀스러운 뜻을 알게 할 것이다.

돈황본단경 끝

後 記

此壇經 法海上座集 上座無常 付同學道漈 道漈無常
付門人悟眞 悟眞 在嶺南曹溪山法興寺 見今傳授此法
如付此法 須得上根智 心信佛法 立大悲持此經 以爲依承 於今不絕
和尙 本是韶州曲江縣人也 如來入涅槃 法敎流東土 共傳無住 卽我心無住 此
眞菩薩 說眞宗 行實喩 唯敎大智人 是旨依
凡度誓修修行行 遭難不退 遇苦能忍 福德深厚 方授此法 如根性 不堪 材量
不得 須求此法 違律不德者 不得 妄付壇經 告諸同道者 令知蜜意

敦煌本壇經 終

〈부록〉
육조단경 강의록

깨어있음으로 행복한
해탈과 편안으로 뛰어난 삶으로 이끄는
육조단경 강의 (1강)

정명 김 성 규

통섭불교원

고갱 _ 우리는 어디서 와서 어디로 가는가

萬法歸一 一歸何處

- 萬法歸一 一歸何處
- 만법귀일 일귀하처

- 모든 법은 하나로 돌아가는데
- 그 하나는 어디인가?

선불교의 어록

- 대념처경
- 안반수의경
- 달마의 혈맥론, 관심론, 이입사행론
- 승찬의 신심명
- 육조혜능의 육조단경
- 영가현각의 증도가
- 벽암록, 무문관
- 선가구감, 선문염송

육조대사법보단경

- 681년경 혜능(638 - 713)이 저술
- "육조대사법보단경"
- 선종 6조인 혜능이 소주의 대범사에서 설법한 내용을 소주자사인 위거의 명에 의해 제자 법해가 집록한 것이다.
- 돈황본
- 혜흔본
- 존중본
- 덕이본

식심견성(識心見性)

- 마음을 알아 성품을 봄
- 모든 법이 모두 자신의 마음 가운데 있거늘, 어찌 자기의 마음을 따라서 진여의 본성을 단박에 나타내지 못하는가?

- 심心 ---- 색성향미촉법
- 의意 ---- 안이비설신의
- 식識 ---- 안식, 이식, 비식, 설식, 신식, 의식

육조단경의 내용 (돈황본)

1 序言
2 尋師 스승을 찾아감
3 命偈 게송을 지으라 이르심
4 神秀 신수
5 呈偈 게송을 바침
6 受法 법을 받음
7 定慧 정혜
8 無念 무념
9 坐禪 좌선
10 三身 삼신
11 四願 네가지 원
12 懺悔 참회
13 三歸 삼귀의
14 性空 성공
15 般若 반야
16 根機 근기
17 見性 견성
18 頓悟 돈오
19 滅罪 멸죄
20 功德 공덕
21 西方 서방
22 修行 수행
23 行化 행화
24 頓修 돈수
25 佛行 부처님의 행
26 參請 예배하고 법을 물음
27 對法 상대법
28 眞假 참됨과 거짓
29 傳偈 게송을 전함
30 傳統 법을 전한 계통
31 眞佛 참부처
32 滅度 멸도
33 後記

깨달음이란?

- 초기불교 --- 연기
- 대승 유가행파 --- 식
- 대승 중관파 --- 공
- 선불교 --- 화두

선

- 초조달마 – 이조혜가 – 삼조승찬 -- 사조도신– 오조홍인 – 육조혜능 – 칠조?
  ==➔ 조사선

- 육조혜능 --- 남양혜충, 청원행사, 영가현각, 남악회양, 하택신회
  ==➔ 간화선

조사선과 간화선

- "마음이 불편합니다. 어떻게 해야 합니까?"
- "무엇이 너를 불편하게 하느냐? 너를 불편하게 하는 마음을 내 놓아라"

- "무엇이 부처입니까?"
- "마삼근"
- "뜰앞의 잣나무니라"

간화선

- 간화선의 3법칙 _
- 신심
  분명한 목적의식, 부처가 되겠다, 믿음

- 분심
  100m 달리기 하듯, 폭발

- 의심
  처마 밑의 돌에 구멍이 나듯,
  집중_화두

간암에 걸려 죽음

- 왜 간암에 걸렸나?

- 가족력
- 성격이나 생활 태도

- ==➔ 현생에서의 원인
  　　전생에서의 원인

교통사고로 죽음

- 정상적으로 차를 몰고 가는데 반대편 차선에서 중앙선 침범하여 정면 충돌하여 죽음

- 왜 이런 일이 일어났는가?

==➔ 원인과 이유도 모르고 죽음

연기

- 이것이 있음으로 말미암아 저것이 있고
- 이것 생김에 말미암아 저것이 생긴다
- 이것 없어짐에 말미암아 저것이 없고
- 이것 멸함에 말미암아 저것이 멸한다
- (상응부경 12.21)

빠디삼바다막가(무애해도 無碍解道, Patisambhidamagga)

- B.C. 250년 경에 성립된 아비달마시대 이전에 성립된 것으로 부처님의 원음이 가장 생생하게 살아있다.

- 윗수디막가(청정도론 淸淨道論, Visuddhimagga) 5세기경 붓다고사(불음, 각음)가 지음.
- 실론의 싱할라어로 되어 있는 불교초기 경전들을 토대로 하여 집대성한 논서.

산은 산이고 물은 물일 뿐인데

- 산은 산이고 물은 물일 뿐인데, 주체(나)에 따라서 인식되어질 뿐이다.
- 나의 육신(신)과 육신의 느낌(수)과 대상에 대한 생각(심)과 대상(법)을 모두 인식할 수 있는 것은 무엇인가?
- 안, 이, 설, 신은 아니다. 비가 가능하다.

- 송나라 청원 유신선사
- 산은 산이요 물은 물이다.
- 산은 산이 아니요 물은 물이 아니다.
- 산은 그대로 산이요 물은 그대로 물이다.

삼매를 닦을 지어다

비구들이여, 삼매를 닦을 지어다. 비구들이여, 삼매에 든 비구는 있는 그대로를 알아차린다(pajānāti). 있는 그대로를 알아차린다는 것은 어떠한가?

눈(眼)에 대해 무상하다고 있는 그대로 알아차린다

시각대상(色)에 대해 무상하다고 있는 그대로 알아차린다.

눈의 의식(眼識)에 대해 무상하다고 있는 그대로 알아차린다.

눈의 접촉(觸)에 대해 무상하다고 있는 그대로 알아차린다.

눈의 접촉을 조건으로 하여 일어난 즐겁거나 고통스럽거나 즐겁지도 고통스럽지도 않은 느낌(受)에 대해 무상하다고 있는 그대로 알아차린다....

깨어있음으로 행복한
해탈과 편안으로 뛰어난 삶으로 이끄는
육조단경 강의(2강)

정명 김 성 규

통섭불교원

깊은 산 속에서 옷이 흙이 묻었고 흩트러져 있는 예쁘장한 아줌마가 급히 집으로 달려오고 있다.

육조단경의 내용(돈황본)

1 序言
2 尋師 스승을 찾아감
3 命偈 게송을 지으라 이르심
4 神秀 신수
5 呈偈 게송을 바침
6 受法 법을 받음
7 定慧 정혜
8 無念 무념
9 坐禪 좌선
10 三身 삼신
11 四願 네가지 원
12 懺悔 참회
13 三歸 삼귀의
14 性空 성공
15 般若 반야
16 根機 근기
17 見性 견성
18 頓悟 돈오
19 滅罪 멸죄
20 功德 공덕
21 西方 서방
22 修行 수행
23 行化 행화
24 頓修 돈수
25 佛行 부처님의 행
26 參請 예배하고 법을 물음
27 對法 상대법
28 眞假 참됨과 거짓
29 傳偈 게송을 전함
30 傳統 법을 전한 계통
31 眞佛 참부처
32 滅度 멸도
33 後記

육조단경

- 무념無念, 생각 없음
- 견성見性
- 삼신三身 -→ 내외명철內外明徹
- 삼귀의三歸
- 돈오頓悟

무념(無念), 무상(無相), 무주(無住)

- 선지식들아, 나의 이 법문은 옛 부터 모두가
- 생각 없음(無念)을 세워 종(宗)으로 삼으며,
- 모양 없음(無相)을 본체로 삼고,
- 머무름 없음(無住)을 근본으로 삼는다.

무념, 무상, 무주의 설명

- 종으로 삼고 --- 조계종, 천태종
- 본체로 삼고 --- 금강경, 묘법연화경
- 근본으로 삼고 ---
  　　금강경 --- 무주
  　　　　　　응무소주 이생기심
  　　묘법연화경 --- 일불승
  　　　　　　화삼승 귀일불

생각 없음(無念)

- 당나라 염관스님이 있었는데 참선 납자들이 칠백명이나 되었음.
- 휘일이라는 제자가 있었음.
- 오십이 넘도록 시중만 들다가
- 어느 날 저승사자가 찾아 옴.

깨달음

- 연기?
- 깨달음이 무엇인가?
- 무념이 무엇인지?
- $Xx + x - 6 = 0$ 에서 x 는?

극저온 상태, 헬륨

1755년 제빙기를 만듬
1895년 영국의 린데, 독일의 햄프슨
   ---- 공기 액화 성공   -180 도 C
1906 온네스   - 269 도, C 4.2 도 K
초전도현상, 초유동현상

높은 온도에서는 물질속의 열운동이 활발하기 때문에 미세한 운동은 격자진동 속에 묻혀버린다. 온도를 내리면 미세운동을 관찰할 수 있다.
참선이나 화두를 통하여 정신을 집중하는 것도 같은 현상이다.

무념 무상

- 무심도인 --- 무념무상
- 무주 --- 응무소주

- 화두일념

존재

- 안이비설신의 ==➔ 자신 ---- 자성

- 색성향미촉법 ==➔ 법신 ---- 법성

- 법성원융무이상 法性圓融無二相
  법성은 원융하여 두가지의 모양이 아니네
- 사리자 시제법공상 舍利子 是諸法空相
  제법은 모양이 공하다

법성과 자성

- **법성원융무이상**法性圓融無二相 -- 소증
- **제법부동본래적**諸法不動本來寂
- **무명무상절일체**無名無相絶一切
- **증지소지비여경**證知所知非餘境 -- 능증
- **진성심심극미묘**眞性甚深極微妙 -- 능연기
- **불수자성수연성**不守自性隨緣成

삼매

- 인식 --- 현량 --- 5식, 8식, 평상심이 도,
  무심 --- 이것이 되는 방법은
    <삼매>에 드는 것 밖에 없다.
    비량 --- 6식, 7식
- 삼매 ----> 순수함, 본래청정 ----> 있는
  그대로 봄

- 응무소주 이생기심

깨어있음으로 행복한
해탈과 편안으로 뛰어난 삶으로 이끄는
육조단경 강의(3강)

정명 김 성 규

통섭불교원

육조단경

- 무념無念
- 견성見性
- 삼신三身 -→ 내외명철內外明徹
- 삼귀의三歸
- 돈오頓悟

견성(見性)

- 식심견성識心見性, 식심으로 성품을 봄
- 모든 법이 모두 자신의 마음 가운데 있거늘, 어찌 자기의 마음을 따라서 진여의 본성을 단박에 나타내지 못하는가?
- <보살계경>에서 "나의 본래 근원인 자성이 맑고 깨끗하다."고 하였으며, 식심견성 하면 스스로 부처님 도를 성취하는 것이며
- 곧 활연히 깨쳐서 본래 마음을 도로 찾는다.

견성

- 자신(나, 자아)와 법신
- 자신의 무거운 장애를 해결하면
- 해탈, 열반, 아라한 --- 번뇌를 끊음으로
- 법신의 무거운 장애를 해결하면
- 보리, 깨달음 --- 소지장을 끊음으로

- ==➔ 견성, 견성성불
    (성품을 봄, 마음을 깨침)

식심견성 識心見性

- 원래 부처님의 경전에는 근, 경, 식뿐이다
- 육근 --- 안이비설신의 (의)
- 육경 --- 색성향미촉법 (법)
- 육식 --- 안식, 이식, 비식, 설식, 신식, 의식 (식)
- 심은 중국 문화와의 융합에서 나, 자아를 나타내는 것으로 의, 식에 선불교의 정립으로 보편화된 심을 더한 것이다.
- =➔ 심, 의, 식

서산대사와 사명대사의 저녁 공양에 얽힌 일화 꽤를 뽑으니 뱀 사자가 나옴.

해산스님

- 1910년 9월 16일 청도군 매전면 신촌리에서 태어남.
- 1926년 표충사 내원암 박담월스님 문하로 출가
- 1934년 늦가을 아궁이에 불을 지피다가 삼매에 들어 바지가 다 탐.
- 은사스님께 진불암에 올라가 한철 공부하겠다고 함.

해산스님

- 진불암에서 정진하던 어느 날
- 저녁 공양을 지어먹고 다음 날 아침으로 밥 한그릇 정도를 남겨 둠.
- 선정에 들어있다가 회오리바람이 한 자락 일어나 억새풀숲을 밭고랑을 타듯이 가르며 지나갔음. 그런데 불현듯 머리 위에 무엇이 얹혀 있다는 느낌이 들었음.
- 깨어보니 온 세상이 눈 천지였음.
- 시장기가 들어 어제 남겨 놓았던 밥을 먹으려고 공양간에 갔음.

해산이 견성함

- "산은 산 물은 물, 옛사람은 옛사람이요, 옛 산은 옛 산이라. 옛 그대로더라.
- 일체만상에 의심이 없더라.
- (상당 법문을 함)
- 제왕이 그물을 쳐서 코 없는 짐승을 잡고
- 능히 달팽이 뿔로 우는 아이 달래는데
- 금털 사자가 웅크리고 앉았으니
- 기세가 당당하여 모두가 오르기 어렵도다.

해산스님의 신통

- 24세에 견성
  ---→ 정견이 생김

- 묘법연화경 10만 독을 함
  ----→ 신통이 생김

취암(법기) 강정진

1. 1934년 경남 진주에서 태어남.
2. 13세 때 할아버지 49재 때문에 산성사에 감. 지산스님을 만남. 이 때부터 스님이 시킨대로 '관세음보살'을 염함. 매일 5천 번 정도 7년 동안 계속함.
3. 20세 때 구하스님을 만남.
   '옴마니반메훔'을 염함. 30대 초반쯤에는 하루에 3만 번 정도 염함. 걸어다닐 때나 섰을 때나 앉아있을 때나 누워있을 때나 말할 때나 말하지 않을 때나 몸을 움직일 때나 고요히 있을 때나 마음속에서 '옴마니반메훔'을 놓치는 일이 없었다.
   33세 때에는 잠을 자면서도 꿈을 꾸면서도 깨어있을 때와 마찬가지로 됨을 알았다.
   육계가 솟아오르기 시작함.
   입안이 헐어 터지는 현상이 6개월 이상 계속됨.

취암(법기) 강정진

4. 이 당시 탄허스님의 속가제자인 윤태정거사를 만나 '선문촬요'를 소개 받음.
   이 때 비로소 이런 현상이 왜 일어나는지? 부처님께서 무엇하러 이 세상에 오셨는지 알게 되었다.
5. 30대 중반에 경봉스님을 만남.
   1968년 10월 삼소굴에 계시는 경봉스님을 뵈러 방에 들어서는 순간 스님께서 '전생의 중이 들어오는 구나.' 하셨다.
   '너는 어떻게 공부하는가?'
   '옴마니반메훔'를 염한다고 하니 오늘부터 '반메훔하는 이 물건이 뭣고?'라고 하신다.
   이때부터 '반메훔하는 이 물건이 뭣고?' 하는 화두를 들게 되었다.

취암(법기) 강정진

6. 기연을 만남.
1977년 6월 7일 선산 도리사에서 부처님의 진신사리가 발견되어 친견법회가 있었음. 경봉스님을 모시고 함께 진신사리를 친견하러 감. 다른 신도들 틈새 끼어서 사리를 봄.
부처님이 움직이면서 웃으시는데 입이 커지면서 입가의 보조개가 들어가는 것도 볼 수 있었다. 사리 부처님의 육계는 계란형 타원이었고, 피부는 다이어몬드의 집합으로 각을 이루고 있었다. 이 때부터 하루 18시간씩 공부하게 됨.
7. 1974년 12월 27일 성철스님을 만나다.
오후 6시부터 시작하여 다음 날 새벽 2시 50분까지 8시간 50분만에 삼천배를 함.
성철스님께서 출가하라고 함. 50 넘어 출가하겠다고 함.

취암(법기) 강정진

8. 해산스님을 만나다.
1975년 12월에 박월봉거사를 만나 거사님의 소개로 표충사에 계시는 해산스님을 만남.
스님께서 법문하시면서 '오늘 이 절에 아주 귀한 분이 한사람 왔구나.' 하셨다.
갈려고 하는 데 해산스님께서 '부산 초량에서 왔다지?' 하셨다.

취암(법기) 강정진

9. 아난존자문阿難尊者問 가섭존자迦葉尊者
경운經云 금란가사백옥발우외襟襴袈裟白玉鉢盂外 유별전지법하야有別傳之法何也
가섭존자답迦葉尊者答 도각문전찰간척倒覺門前刹竿斥
이난이 가섭에게 묻기를 경에 이르기를 부처님께서 가섭에게 법을 전할 때 증표로서 부처님께서 입으시던 금란가사와 발우 외에 따로 전하신 법이 있다는데 그것이 무엇입니까?
가섭이 답하기를
법당 앞에 있는 찰간을 쓰려뜨려라

취암(법기) 강정진

10. 이 화두를 타파하고 해산스님께서 가르침을 주신 이 화두의 능숙함과 자비와 은혜에 감사드린다. 원래 화두에는 가섭이 '아란아!' 하고 부르고 아란이 '예'하고 답하는 부분이 있는데 이 화두에는 그 부분이 생략되어 있다.

11. 1977년 7월에 해산스님께서 재약산 진불암에서 10일간 용맹정진하라는 분부가 있었다. 주지스님의 안내를 받고 참선할 장소에 가보니 낭떠러지 바위 였는데 졸다가 아래로 떨어지면 죽기에 알맞은 곳이었다. 10 동안 잘 보냄. 10월에 코피가 터짐. 이 때부터 해산스님이 주신 교외별전 화두를 들기 시작함.

취암(법기) 강정진

12. 1) 도각문전찰간척하라고? (반문)
2) 어째서 도각문전찰간척이라 그랬을까?
3) 무엇 때문에 그랬을까?
4) 교외별전이 왜 도각문전찰간척일까?

13. 11월 초부터 벽시계의 종소리가 들리지 않기 시작함.
미망의 경계가 물러가니 또렷또렷한 심광 속에서 의심밖에는 나오지 않았다.
이렇게 석달이 지났을 때 1978년 2월 초 선정에서 '바로 이놈이 구나. 여기에서 바로 도각문전찰간척이 나왔구나.' 이렇게 확인했다.
날이 밝기를 기다려 첫차를 타고 해산스님을 찾았다.

취암(법기) 강정진

- "스님!"하고 부르니 스님께서 얼굴을 들고 쳐다 보시기에
- "이것 알았습니다." 하면서 손바닥으로 방바닥을 "딱!"하고 때렸다.
- 그때 마침 풍경이 울려 소리가 나니까 스님께서 "저 풍경소리를 내 놓겠는가?" 하셨다. 나는 즉시 손뼉을 "딱" 치면서 "그 소리가 어디서 나왔겠습니까?"하였다.
- 두 번째, 세 번째 질문
- 네 번째 질문은 "서강수를 마셔보았느냐?" 하셨다.
- "이미 몇 년전에 마셨습니다."라고 답하였다.
- 대답이 떨어지기 무섭게 스님께서 "너 어디서 들은 소리를 하는구나." 하셨다.
- 이 대답을 잘못한 것을 바로 알았다.

수행의 단계

- **행주좌와일여** 行住坐臥一如
- **어묵동정일여** 語默動靜一如
- **몽중일여** 夢中一如
- **숙면일여** 熟眠一如
- **내외명철** 內外明徹
- **돈오** 頓悟

식심견성(識心見性)

- 식심으로 성품을 봄

- **교외별전** 敎外別傳
- **불립문자** 不立文字
- **직지인심** 直指人心
- **견성성불** 見性成佛

식심견성(識心見性)

- **교외별전** 敎外別傳
  영산회상 염화미소, 다자탑전 반분좌,
  사라쌍수 유관족출

- **불립문자** 不立文字
- **직지인심** 直指人心
- **견성성불** 見性成佛

식심견성(識心見性)

- 견성見性
- 성性에는 자성과 법성이 있다.
- 자성과 법성을 본다는 것이다.
- 식심을 통하여
- 식 --- 안이비설신식, 의식
- 심 --- 식의 바다

깨어있음으로 행복한
해탈과 편안으로 뛰어난 삶으로 이끄는
육조단경 강의(4강)

정명 김 성 규

통섭불교원

육조단경

- 무념無念
- 견성見性
- 삼신三身 -→ 내외명철內外明徹
- 삼귀의三歸
- 돈오頓悟

신통력, 기적

기장에 있는 조그마한 암자   종남산 운제사

내외명철(內外明徹)

- 어떤 것을 청정법신의 부처라고 하는가?
- 모든 생명(세상 사람)의 성품은 본래 스스로 깨끗하여 만 가지 법이 자기의 성품에 있다.
- 모든 법이 다 자성 속에 있으며 자성은 항상 깨끗함을 알라. 해와 달은 항상 밝으나 다만 구름이 덮이면 위는 밝고 아래는 어두워서 일월성신을 보지 못한다. 그러다가 홀연히 지혜의 바람이 불어 구름과 안개를 걷어 버리면 삼라만상이 일시에 모두 나타나는 것이다.

내외명철(內外明徹)

- 우리들의 자성도 깨끗함이 맑은 하늘과 같아서, 혜(慧)는 해와 같고 지(智)는 달과 같다.
- 지혜는 항상 밝은데 밖으로 경계에 집착하여 망념의 뜬구름이 덮여 자성이 밝지 못할 뿐이다.
- 선지식이 참 법문을 열어 주어 미망을 불어 물리쳐 버리면 안팎이 사무쳐 밝아 자기의 성품 가운데 만법이 다 나타나며, 모든 법에 있는 자재한 성품을 청정법신이라 한다.

주금강

- 덕산 선감(780 – 865)
- 육조혜능 → 청원행사 → 석두희천 → 천황도오 → 용담숭신 → 덕산선감
- 임제할 덕산방
- 덕산은 금강경소초를 등에 지고 남방의 도깨비들을 쳐부수러 감.
- 대승불교에 근거해서는 부처 되기가 어려운데, 직지인심 견성성불이라고.

덕산과 노파

- 점심 공양 때가 되어 길 가에 있는 떡집에 들어감. 주인 할머니가 등에 지고 있는 짐에 대해 물음.
- 금강경이라고 이야기 함.
- 할머니의 질문
- 과거심 불가득 현재심 불가득 미래심 불가득인데 스님은 어느 마음에 점을 찍어 점심을 들고자 하시오?

용담숭신

- 용담에 다다름.
- 조그마한 늙은이가 땀을 흘리면서 밭에서 일하고 있음.
- 용담에 오니 연못도 없고 용도 없구나. 용담 나오라고 하시오?
- 내가 용담인데.
- 저녁 공양을 후 스님을 찾아 뵙다.
- 조금 늦은 밤에 갈려고 나옴. 등불을 덕산이 받는 순간 용담이 촛불을 불어 꺼버림.

덕산선감

- 순간 덕산은 용담에게 절을 함.
- "대체 네가 무엇을 보았느냐?"
- "이제부터 천하의 노승들이 하는 말을 절대로 의심하지 않겠습니다."
- 다음 날 법당에서 금강경소초를 태워버림.
- 그림의 떡으로 주린 배를 채울 수 없다.
- 세상의 온갖 중요한 일들을 다 이루더라도 물 한 방울이 바다에 떨어지는 것과 같다.

내외명철

- 만법의 근원인 청정자성을 덮은 망념의 뜬 구름을 다 흩어버리면 우주의 위 아래와 몸과 마음의 안팎이 확연명철하여, 깨끗한 유리병 속에 밝은 달을 담은 것과 같다.

- 내외명철을 '영락경' '능엄경' 에서는 구경묘각이라고 하였으며, 육조는 법신불이라 하였다.

내외명철

- 천태사교의 원교장
- 미세한 무명을 나아가 부수고 묘각의 지위에 들어가서 무명의 뿌리를 영원히 이별하고 구경의 열반산정에 오르니 대열반이라 이름하는 것이다.
- 청정법신을 이루어 상적광토常寂光土니, 곧 원교불상圓敎佛相 이다.

내외명철

- 자재보살들이 오매일여는 되어도 구경묘각을 실증하지 못하면 '내외명철'의 경지는 되지 못하며, 이는 삼세의 모든 부처님의 극심심처이다.

- 견성 --→ 곧 견성성불로 이해하려고 함.
- 십지
- 등각 --- 등정각
- 묘각 --- 무상정각

내외명철

- 자기성품의 마음자리를 지혜로써 관조하여 내외명철하면 자기 본래 마음을 아는 것이니, 만약 본래 마음을 알면 곧 본래 해탈이며, 이미 해탈을 얻었으면 곧 반야삼매며, 반야삼매를 깨치면 이것이 곧 무념이다.
- 육진 속에서 여의지도 않고 물들지도 않아서 오고 감에 자유로움이 곧 반야삼매며 자재해탈이니, 무념행이라고 한다.

삼신

- **청정법신** 淸淨法身
- **원만보신** 圓滿報身
- **천백억화신** 千百億化身

- **화엄경** ---- 체, 상, 용
  성기연기
  육상의 원리 ----**총상**總相 **별상**別相 동상同相
  　　　　　　　　이상異相 성상成相 괴상壞相

내외명철(內外明徹)

- 안팎이 사무쳐 밝음
- 안 --- 안이비설신의
- 밖 --- 색성향미촉법
- 안팎이 사무쳐 밝다는 것은 안과 색이 하나이며, 이와 성이 하나이며, 비와 향이 하나이며, 설과 미가 하나이며, 신과 촉이 하나이며, 의와 법이 하나인 것을 아는 것이다.

깨어있음으로 행복한
해탈과 편안으로 뛰어난 삶으로 이끄는
육조단경 강의(5강)

정명 김 성 규

통섭불교원

육조단경

- 무념無念
- 견성見性
- 삼신三身 -→ 내외명철內外明徹
- 삼귀의三歸 -→ 불교를 세계종교로
- 돈오頓悟

삼귀의

- 귀의歸依 – 돌아가 의지함

- 이 목숨을 거두어 부처님의 세계에 돌아갑니다.
- 이 목숨을 거두어 진리의 바다에 돌아갑니다.
- 이 목숨을 거두어 수행자의 무리에 돌아갑니다.

귀의및 신심

- 1970년 표충사 영남불교학생회 수련회

- 1971년 1월 성도절 경주 시내 도량석

삼귀의 三歸依

- 무상삼귀의계(無相三歸依戒 : 모양 없는 삼귀의계)
- 깨달음의 양족존께 귀의하며,
- 올바름의 이욕존께 귀의하며,
- 깨끗함의 중중존께 귀의합니다.
- 歸依(불)覺兩足尊
- 歸依(법)正離欲尊
- 歸依(승)淨衆中尊
  --→ 불교의 확대 해석
  ---→ 불교를 세계화하는데 기여

삼귀의

- 귀의불양족존 =→ 귀의각양족존
- 歸依佛兩足尊 =→ 歸依覺兩足尊

- 귀의법이욕존 =→ 귀의정이욕존
- 歸依法離欲尊 =→ 歸依正離欲尊

- 귀의승중중존 =→ 귀의정중중존
- 歸依僧衆中尊 =→ 歸依淨衆中尊

양족존 兩足尊

- 두 발을 가진 생명중에 가장 존귀한 분
- 계과 정을 갖춘 분
- 복덕과 지혜를 갖춘 분
- 대원과 수행을 갖춘 분

- 이욕존
- 중중존

삼귀의

- 자성의 삼보에게 귀의하게 하니,
- 부처란 깨달음이며,
- 법이란 올바름이며
- 승이란 깨끗함이다.

- 자기의 마음이 깨달음에 귀의하여 삿되고 미혹이 나지 않고 적은 욕심으로 넉넉한 줄을 알아, 재물을 떠나고 색을 떠나는 것을 양족존이라고 한다.

삼귀의

- 자기의 마음이 바름으로 돌아가 생각마다 삿되지 않으므로 곧 애착이 없으며, 애착이 없는 것을 이욕존이라고 한다.
- 자기의 마음이 깨끗함으로 돌아가 모든 번뇌와 망념이 비록 자성에 있어도 자성이 그것에 물들지 않는 것을 중중존이라고 한다.
- '오직 스스로의 부처님께 귀의한다' 자기의 성품에 귀의하지 않으면 돌아갈 곳이 없는 것이다.

돈오頓悟

- 나는 오조 홍인대사의 회하에서 한 번 듣자 그 말끝에 크게 깨쳐 진여의 본래 성품을 단박에 보았다.
- 이 가르침의 법을 뒷세상에 유행시켜 도를 배우는 이로 하여금 보리를 단박 깨쳐서 각기 스스로 마음을 보아 자기의 성품을 단박 깨치게 하는 것이다.
- 만약 능히 스스로 깨치지 못하는 이는 모름지기 큰 지식을 찾아서 지도를 받아 자성을 볼 것이다.

새벽종성

- **청산첩첩미타굴** 青山疊疊彌陀窟
- **창해망망적멸궁** 滄海茫茫寂滅宮
- **물물염래무가애** 物物拈來無罣碍
- **기간송정학두홍** 幾看松亭鶴頭紅

- 끝도 없는 청산은 아미타불 집이며
- 망망한 푸른 바다는 그대로 적멸궁이네
- 형상과 생각이 오고 감에 걸림이 없으니
- 소나무 정자에 학머리 붉음을 몇번이나 보았는가

가우스함수

- Y = x   Y = I x I

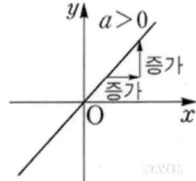
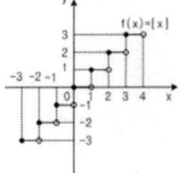

돈오

- 백장과 노인과의 대화
- 깨달은 사람도 인과를 받습니까?
- 불락인과 不落因果
- 불매인과 不昧因果

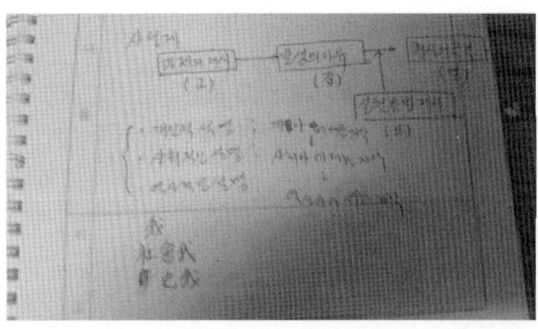

1. 현암사 간, 6권 불교전집
2. 금강경번역
3. 40대의 생각 --- 60세 까지만 봉사

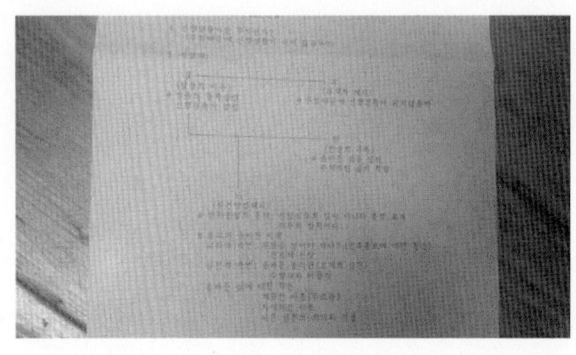

법과 법맥

- 법과 법맥의 문제
- 스승의 인가?
  있어야 되는가? 없어도 되는가?
- 법맥의 장점
  체계화되고, 오래 갈 수 있다
- 법맥의 단점
  법이 없어도 전승된다

돈오돈수

- 돈오
- 점오

- 돈수
- 점수

깨어있음으로 행복한
해탈과 편안으로 뛰어난 삶으로 이끄는
육조단경 강의(6강)

정명 김 성 규

통섭불교원

육조단경

- 무념無念
- 견성見性
- 삼신三身 -→ 내외명철內外明徹
- 삼귀의三歸 -→ 불교를 세계종교로
- 돈오頓悟

돈오頓悟

- 나는 오조 홍인대사의 회하에서 한 번 듣자 그 말끝에 크게 깨쳐 진여의 본래 성품을 단박에 보았다.
- 이 가르침의 법을 뒷세상에 유행시켜 도를 배우는 이로 하여금 보리를 단박 깨쳐서 각기 스스로 마음을 보아 자기의 성품을 단박 깨치게 하는 것이다.
- 만약 능히 스스로 깨치지 못하는 이는 모름지기 큰 지식을 찾아서 지도를 받아 자성을 볼 것이다.

스티브 잡스

- 나는 비즈니스 세상에서 성공의 끝을 보았다. 타인의 눈에 내 인생은 성공의 상징이다. 하지만 일터를 떠나면 내 삶에 즐거움은 많지 않다.
- 지금 병들어 누워 과거 삶을 회상하는 이 순간 나는 깨닫는다. 정말 자부심 가졌던 사회적 인정과 부는 결국 닥쳐올 죽음 앞에 희미해지고 의미 없어져 간다는 것을.
- 이제야 나는 깨달았다. 생을 유지할 적당한 부를 쌓았다면 이후 우리는 부와 무관한 것을 추구해야 한다는 것을.

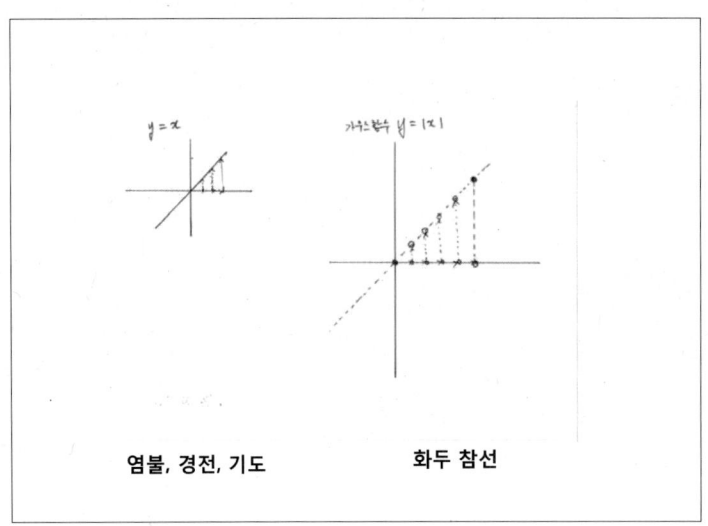

염불, 경전, 기도   화두 참선

돈오頓悟

- 돈오 --- 바로 깨침 --- 언하에 대오
  --- 일초직입여래지一超直入如來地

- 분별 --- 사려 --- 식
- 직관 --- 반야 --- 공

언하에 대오

- 천태 덕소선사(891 ~ 972)
- 50명의 선지식을 찾았지만, 깨치지 못하고 염천의 정혜선사에게 의탁함.
- 하루는 어떤 스님이 정혜선사에게
  '어떤 것이 조원曺原의 일적수一適水입니까?'
  '이것이 조원의 일적수이다.'
- 멀리서 듣고 있던 덕소가 단박에 깨침.

일초직입

- 임제선사
- 육조혜능 -→ 남악회양 -→ 마조도일 -→ 백장회해 -→ 황벽희운 -→ 임제의현
- 황벽희운, 목주도명, 임제의현, 운문문언
- 황벽희운과 임제의현
- "불법의 골수가 무엇입니까?"
- 임제가 대우선사를 찾아감
- "너의 스승에게 무슨 가르침이 있었느냐?"
- "황벽의 불법도 별거 아니군."

임제의현

- 무위진인無位眞人
- 차별없는 참사람
- 이 세상에 금강석 같이 빛나지 않는 삶이 어디 있느냐.
- 어느 누구의 삶이든 최고의 삶이 아닌 것이 어디 있느냐.

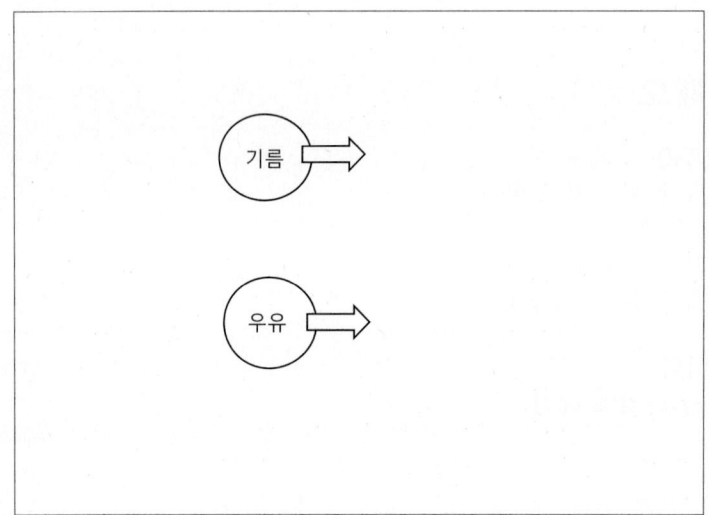

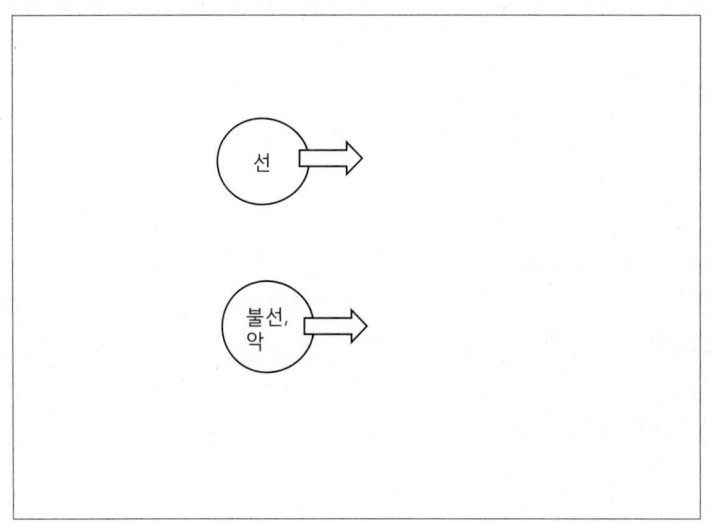

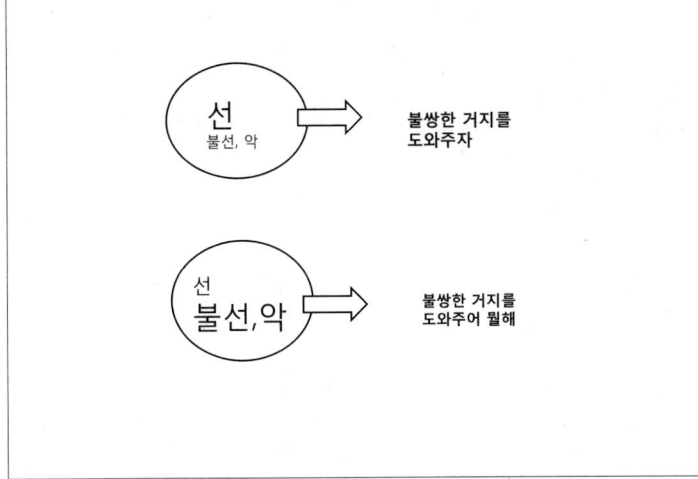

의식에 대하여

- 육식 ---- 현재의식

- 칠식 ---- 마나식, 잠재의식
  심층적 자아 집착심

- 팔식 ---- 알라야식, 무의식
  한 생을 살고 나면 행위의 모든
  정보가 알라야식에 저장, 윤회의 씨앗

제8식

- 사건의 개요
  부처님 당시 왕사성에서 한마리 암소 때문에 아무런 연관이 없는 세 사람이 죽게 됨.

  암소가 그 사람을 보는 순간(의식이 발동) 인과는 모르지만 상대방을 죽여야 한다 (제7식을 작동) 고 분별심을 일으킴.

8식

8식 →(무명, 식)→ 식의 전변, 식의 움직임 →
- 견분 --- 제7식, 주관적 인식
- 상분 --- 객관적 인식

- 견분 --- 유견식, 능연, 번뇌장 --- 해탈(아라한)
- 상분 --- 유상식, 소연, 소지장 --- 보리(깨달음, 보살, 부처) ⇒ 열반
- 자증분 --- 량과
- 증자증분 --- 자증분의 확인

5위 100법

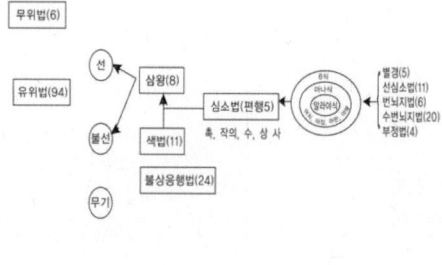

1. 서언

- 혜능대사가 대범사 강당의 높은 법좌에 올라 마하반야바라밀법을 설하고 무상계를 주시니,

- 그 때 강당에는 스님·비구니·도교인·속인 등, 일 천여 명이 있었다.
- (원문 --- 일만명)

마하반야바라밀법

- 마하반야바라밀다심경 摩訶般若波羅蜜多心經
- 마하(Maha)는 크다, 많다, 뛰어나다는 뜻이며, 반야(Prajna)는 지혜를 뜻한다. 바라밀다(Paramita)는 저 언덕에 이른다는 도피안의 뜻이다.
- 마하반야바라밀다심경은 "가장 뛰어난 '지혜의 완성'을 이루는 데 핵심되는 말씀"이며, 또는 "큰 지혜로 저 언덕에 이르는 부처님의 핵심되는 말씀"이다.

행심반야바라밀다시

- 관자재보살 행심반야바라밀다시 조견오온 개공 도일체고액 觀自在菩薩 行深般若波羅蜜多時 照見五蘊皆空 度一切苦厄
- 관자재보살이 지혜의 완성으로 (깨달음을 성취하여) 선정삼매에 들어 있을 때 존재의 실상인 오온이 다 공함을 비추어 보고 모든 괴로움에서 벗어났느니라.

깨어있음으로 행복한
해탈과 편안으로 뛰어난 삶으로 이끄는
육조단경 강의(7강)

정 명 김 성 규

통섭불교원

육조단경 내용

- 서언
- 혜능대사가 대범사 강당의 높은 법좌에 올라 마하반야바라밀법을 설하고 무상계를 주시니,

- 1. 스승을 찾아감
- 선지식들아, 마음을 깨끗이 하여 마하반야바라밀법을 생각하라.

---

1. 부처님 당시 근본불교시대

2. 부파불교시대
   상좌부 --- 11부파
   대중부 --- 9부파

3. 불탑신앙_재가 중심 불교

(2, 3 ==➔)

4. 대승불교
   연기 즉 공

인도에서 중국으로

- 중국불교의 최대 관심?
- 부처님께서 45년 동안 어떤 순서로 법을 설하셨을까?
- ---➔ 교상판석
- ==➔ 천태종의 5시8교
   화엄시, 아함 12, 방등 8, 반야22, 법화열반 8

중국의 종파불교_ 교상판석

1. 비담종 --- 유부(아비달마 팔건도론)
2. 성실종 --- 성실론
3. 삼론종 --- 중론, 백론, 십이문론
4. 섭론종 --- 섭대승론
5. 법상종 --- 성유식론
6. 지론종 --- 십지품
7. 율종 --- 사분율
8. 열반종 --- 대반열반경
9. 천태종 --- 묘법연화경, 오시팔교
10. 화엄종 --- 화엄경
11. 정토종 --- 무량수경
12. 진언종 --- 대일경
13. 삼계교 --- 신행이 개종, 지장십륜경
14. 선종 --- 능가경, 능엄경

선종의 흥기

- 새로운 불교 선종이 흥기하기 시작함
- 초조 달마(527년)부터 육조 혜능(638-713)까지
- 육조단경의 가장 큰 문제점
  --→ 왜 홍인과 혜능은 금강경인가?

초조달마 --→ 2조혜가 --→ 3조 승찬 --→

4조도신 --→ 5조홍인 --→ 육조혜능 =→(조사선)
              -→우두법융(묵조선)

=→ 남양혜충
    남악회양 -→ 마조도일 -→ 백장회해, 서당지장
    영가현각   남전보원
    청원행사 -→ 석두희천 -→ 천황도오, 약산유엄
    하택신회
    (법해)

         (간화선, 화두선)

우리가 보는 세상

- 역사는 기획된 의지에 의해 움직이지만

- 우리는 역사를 이렇게 본다
  전향적prospective인 관점
  - 기획하여 결과를 도출
  후향적retrospective인 관점 ^^^^^
  - 결과를 분석하여 판단

현재와 미래

- 조계종 --> 조계종
  　　　　　　선학원
- 천태종
- 태고종

- 재가불교 --> 비젼(불교대학원대학)

- ==> 누가 누구의 관점에서 보느냐?

1. 스승을 찾아감

- 혜능대사는 말씀하였다.
- "선지식들아, 마음을 깨끗이 하여 마하반야바라밀법을 생각하라!"
- 대사께서는 말씀하지 않고 스스로 마음과 정신을 가다듬고 한참 동안 묵묵한 다음 이윽고 말씀하였다.

혜능의 출신성분

- 혜능의 아버지의 본관은 범양인데
- 좌천되어 영남의 신주 백성으로 옮겨 살았고 혜능은 어려서 아버지를 여의였다.
- 살기가 힘들어 늙은 어머니와 외로운 아들은 남해로 옮겨와서
- 장터에서 땔나무를 팔며 가난하게 살았다.
- 양반이었는데 좌천됨.
- 범양 -→ 하북성 보정시, 북경에서 1시간 거리

혜능의 직업과 근기

- 어느 날 한 손님이 땔나무를 샀다. 혜능은 관숙사(官宿舍)까지 나무를 가져다주었고, 나무 값을 받고 문을 나서려 하는데, 때 마침 한 손님이 <금강경>을 읽고 있었다. 혜능은 한 번 들음에 마음이 밝아져 문득 깨치고, 이내 손님에게 물었다.
- "어느 곳에서 오셨습니까? 지금 읽고 있는 그 경전은 무엇입니까?"
- 손님이 대답하였다.
- "나는 기주 황매현 동빙무산에서 오조 홍인대사를 찾아 뵈었는데, 지금 그 곳에는 제자가 천명이 넘습니다.

기연

- 손님이 <금강경>을 읽고 있었다. 혜능은 한 번 들음에 마음이 밝아져 문득 깨치고
- 글은 몰라도 들으면 앎.(이야기하는 것을 옆에서 들음)
- 그것은 단지 너의 입장일 뿐이야
- 왜 그리 집착하는데
- 왜 너의 생각만 맞다고 생각해
- 그 사람과 결부시키지 말고, 말 자체만 생각해봐

기연과 그 전의 상황

- 혜능은 한 번 들음에 마음이 밝아져 문득 깨치고

- ----→ 정말 듣고 깨친 것일까?
  원래 깨쳐 있는 상황이었을까?

인연

- 혜능은 숙세의 인연이 있어

- ----→ 1. 금강경과의 인연
-     2. 홍인과의 인연

홍인을 만남

- 혜능이 홍인을 만나 뵙고 절을 하니
- "어디서 왔으며 무엇을 구하러 왔느냐?"
- "영남 신주 사는 백성이온데, 부처가 되고자 찾아 왔습니다."
- "너는 영남 무지렁뱅이 인데 어떻게 부처가 되겠느냐?"
- "사람에게는 남북이 있지마는 불성은 본래 남북이 없습니다."

깨어있음으로 행복한
해탈과 편안으로 뛰어난 삶으로 이끄는
육조단경 강의(8강)

정명 김 성 규

통섭불교원

신수와 혜능

측천무후가 신수대사의 뒤를 따라 전상에 오르고 정례하여 우러러 받들고 물었다.
"누구의 종지를 전해 받았습니까?"
"기주의 동산법문을 이어 받았습니다."
"어떤 경전에 의거합니까?"
"반야경의 일행삼매에 의거합니다."
"그러면 국사보다 더 뛰어난 대사는 누구입니까?"
신수는 조금도 망설이지 않고 대답했다.
"혜능대사입니다."

삼국지와 남북선

- 중국의 역사를 바꾸다
- 제갈공명에 의해 중국이 삼등분 되다
- 위(조조), 오(손권), 촉(유비)

- 신회 선불교의 역사를 바꾸다
- 북종과 남종으로 양분하다
- 남종선을 중심으로 중국불교가 인식되다
- 남종 선사에 의해 신수가 평가 되다

2. 게송을 지으라 이르심

- "내 너희들에게 말하니,
- 공부인에게는 나고 죽는 일이 크거늘 너희들 문인들은 종일토록 공양을 하며 다만 복밭 만을 구할 뿐 나고 죽는 괴로운 바다를 벗어나려고 하지 않는다.
- 너희들의 자성이 미혹하면 복의 문이 어찌 너희들을 구제할 수 있겠느냐? 너희들은 모두 방으로 돌아가 스스로 잘 살펴 보아라.

복덕과 공덕

- 복밭만을 구하려 하고
  --> 복덕

- 남과 죽음의 괴로운 바다
  --> 공덕(복덕의 씨앗)

- 참고
- 에너지와 일

오조 홍인의 의지

- 지혜가 있는 자는 본래의 성품인 반야의 지혜를 스스로 써서 각기 게송 한 수를 지어 나에게 가져오너라.
- 내가 너희들의 게송을 보고 만약 큰 뜻을 깨친 자가 있으면 그에게 가사와 법을 부촉하여 육대의 조사가 되게 하리니, 어서 빨리 서둘도록 하라."

3. 신수

- 몸은 보리의 나무요/
- 마음은 밝은 거울과 같으니/
- 때때로 부지런히 털고 닦아서/
- 티끌과 먼지 묻지 않게 하라.
- 身是菩提樹(신시보리수)
- 心如明鏡臺(심여명경대)
- 時時勤拂拭(시시근불식)
- 莫使有塵埃(막사유진애)

위산영우

- 백장밑에서 공부한 제자중 대위산보고 와 백장에게 갈만한 제자를 추천
- 전좌인 영우와 제1 수좌인 화림 선각
- 물병을 갖다 놓고 백장이 본성을 떠나지 않은 한마디를 일러라고 함.
- "말뚝이라고는 하지 못합니다."

- 제1좌인 선각이 전좌인 영우에게 지고말았구나.

돈오와 점수

- 돈오頓梧
  순간적으로 궁극의 깨달음에 이르는 것
- 점수漸修
  점점 수행을 거쳐 깨달음의 길로 나아가는 것

- 돈오돈수, 돈오점수,

'깨달음을 성취하고 난 후에도 수행을 계속하여야 합니까?'

어떤 사람이 정말 깨달아서 그 근본을 얻었다면, 그리하여 진정으로 자신을 알고 있다면, 그런 경우에는 사실상 수행을 한다 안한다는 극단에 더 이상 얽매이지 않는다. 그러나 일반적으로 처음 배우는 사람이 인연이 닿아 그 자리에서 돈오했다 해도 그에게는 아직도 청산되지않고 남아 있는 태초 이래로 빚어온 타성의 찌꺼기가 베여 있는 것이다.

따라서 아직도 그에게 작용하고 있는 전생의 업이나 인과응보로 인해 일어나는 잡다한 세속적 생각이나 관념들을 말끔히 씻어내는 과정이 바로 수행이다. 특별히 엄격한 방법을 따라 수행할 필요는 없다. 우선 육식(눈으로 보는 것, 귀로 듣는 것, 코로 냄새을 맡는 것, 혀로 맛을 보는 것, 몸으로 느끼는 것, 뜻으로 받아들이는 것)을 통하여 들어오는 모든 것은 이성적으로 받아들여야 한다. 그래서 합리적 이해가 더욱 깊어지고 섬세해지면 마음은 저절로 원숙하고 밝아져 의혹이나 사리에 어두운 미망의 상태에 빠져들지 않게 된다.

오묘한 가르침이 아무리 많고 다양하더라도 경우에 따라 어떤 것은 물리치고 어떤 것은 펴는 활용방법을 직관적으로 터득해야 한다. 이렇게 할 수 있을 때 그대는 비로소 진정 슬기로운 생활인으로 옷을 입고 자리에 앉을 자격이 있다.

이렇게 되면 만 가지의 생각이나 행위가 모두 법에 어긋나지 않아 하나도 버릴 것이 없게 되며, 실제의 궁극적 이치는 한 점의 티끌도 용납하지 않는다.

군말 다 집어치우고 단칼에 돌입할 수 있다면 성스러운 것과 평범한 것의 구별이 일시에 무너지고 그대의 존재는 본래면목을 들어낼 것이니, 그 자리가 바로 우주의 이치와 구체적인 사물이 둘이 아닌 경지,

바로 <있는 그대로의 부처>의 자리인 것이다.

<돈오와 점수의 조화>

여래선과 조사선

- 위산의 제자
- 앙산과 향엄
- 위앙종이 선종에 기여한 가장 큰 공헌 중에 하나는 여래선과 조사선을 구분한 점이다.
- 하루는 산책을 하다가 앙산과 향엄이 마주치게 되었다.

여래선

- 향엄
- 작년의 가난은 가난이 아니요
- 올해의 가난이야말로 정말 가난이로다
- 작년 가난에는 송곳 꽃을 땅이라도 있었는데
- 올해 가난에는 그 송곳조차 없구나.

- '여래선은 보았다고 할 수 있으나 조사선은 꿈에도 못보았구려.'

조사선

- 내게도 마음이 하나 있어
- 단번에 <그>를 알아보네
- 누구든지 이 이치를 모르면
- 선사라고 부르지마오.

- '향엄사제가 조사선도 아는구려.'

홍인과 노공봉

- 홍인대사께서 아침에 노화공을 불러 남쪽 복도에 '능가변상'을 그리게 하려 하다가, 벽에 있는 이 게송을 보았다. 다 읽고 나서 노화공에게 돈 삼만 냥을 주어 멀리서 온 것을 깊이 위로하며 공봉에게 말씀하였다.
- "변상을 그리지 않아도 된다. <금강경> 에 말씀하시기를 무릇 모양이 있는 모든 것은 다 허망하다 하였다. 이 게송을 그대로 두어서 미혹한 사람들로 하여금 외우게 하여, 이를 의지하여 행을 닦아서 삼악도에 떨어지지 않게 하는 것만 못할 것이다. 이 게송에 의지하여 행을 닦으면 사람들에게 큰 이익이 있을 것이다."

능가경

- 대승의 여러 이론을 설함.
- 오법, 팔식, 삼자성, 이무아
- 여래장, 아뢰야식
- 수행의 단계
- 우부소행선(愚夫所行禪), 관찰의선(觀察義禪), 반연진여선(攀緣眞如禪), 여래선(如來禪)

모양있는 것은 허망하다

- 존재하고 있는 것의 모든 형상은
- 끊임없이 변하는 허망한 것이니
- 모든 형상이 항상 같은 모습을 갖고 있지 않음을 알면
- 곧 부처를 보는 것이다.
- 凡所有相 皆是虛妄 若見諸相非相 卽見如來

변화와 존재

- 색신은 모양이 있지만 법신은 모양이 없다
- 법신은 즉 성이다
- 성을 보는 것이 견성이다

- 끊임 없이 변화 --→ 무상
- 변화하기 때문에 --→ 주재성이 없다, 무아

- ==→ 연기이며 공이다

홍인의 말씀

- 홍인대사께서 말씀하였다.
- "너희들은 모두 이 게송을 외워라. 외우는 자는 자성을 볼 것이며, 이를 의지하여 수행하면 곧 타락하지 않을 것이다."
- 제자들이 모두 외우고 공경하는 마음을 내어 '훌륭하다!'고 말하였다.

홍인이 신수를 불러 물음

- "네가 지은 이 게송은 소견은 당도하였으나 다만 문 앞에 이르렀을 뿐 아직 문안으로 들어오지는 못했다. 범부들이 이 게송을 의지하여 수행하면 타락하지는 않겠지만 이런 견해를 가지고 위없는 보리를 찾는다면 결코 얻지 못할 것이다. 모름지기 문안으로 들어와야만 자기의 본성을 볼 수 있다.
- 너는 우선 돌아가 며칠 동안 더 생각하여 다시 한 게송을 지어서 나에게 와 보여라. 만약 문안에 들어와서 자성을 보았다면 마땅히 가사와 법을 너에게 부촉할 것이다."

깨어있음으로 행복한
해탈과 편안으로 뛰어난 삶으로 이끄는
육조단경 강의(9강)

정명 김 성 규

통섭불교원

육조단경의 내용

머리말序言
I. 혜능의 행적 및 불연
1 스승을 찾아감尋師
2 게송을 지으라 이르심命偈
3 신수神秀
4 게송을 바침呈偈
5 법을 받음受法
5.2 보림保臨 ^^^^^^^
II. 법문을 설함
6 정혜定慧
7 무념無念
8 좌선坐禪
9 삼신三身
10 네가지 원四願
11 참회懺悔
12 삼귀의三歸
13 성품이 빔性空
14 반야般若
15 근기根機
16 견성見性

17 돈오頓悟
18 죄멸滅罪
III. 법에 대한 물음 및 대답
19 공덕功德 (위사군이 물음)
20 서방西方
21 수행修行
22 교화를 행함行化 (소주와 광주에서 40년 교화)
23 단박에 닦음頓修 (신수와 혜능과의 관계)
24 부처님의 행佛行 (법달이 법화경에 대해서 물음)
25 예배하고 법을 물음參請 (지상과 신회가 와서 물음)
IV. 법을 전함
26 상대 법對法
27 참됨과 거짓眞假
28 게송을 전함傳偈
29 법을 전한 계통傳統
30 참 부처眞佛
31 멸도滅度
후기後記

최초의 설법지 ---- 광주 법성사, 머문 곳 --- 조계산 대범사

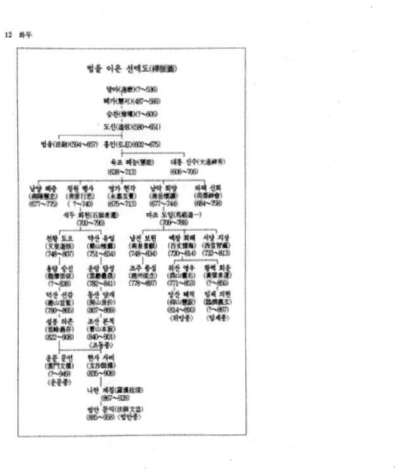

5위 100법

홍인이 신수를 불러 물음

- "네가 지은 이 게송은 소견은 당도하였으나 다만 문 앞에 이르렀을 뿐 아직 문안으로 들어오지는 못했다. 범부들이 이 게송을 의지하여 수행하면 타락하지는 않겠지만 이런 견해를 가지고 위없는 보리를 찾는다면 결코 얻지 못할 것이다. 모름지기 문안으로 들어와야만 자기의 본성을 볼 수 있다.
- 너는 우선 돌아가 며칠 동안 더 생각하여 다시 한 게송을 지어서 나에게 와 보여라. 만약 문안에 들어와서 자성을 보았다면 마땅히 가사와 법을 너에게 부촉할 것이다."

4. 게송을 바침

- 한 동자가 방앗간 옆을 지나면서 이 게송을 외우고 있었다. 혜능은 한 번 듣고, 이 게송은 견성하지도 못하였고 큰 뜻을 알지도 못한 것임을 알았다. 혜능이 동자에게 물었다.
- "지금 외우는 것은 무슨 게송인가?" 동자가 혜능에게 대답하여 말하였다.

혜능이 조사당 앞에 가기를 청함

- 혜능이 대답하였다.
- "나는 여기서 방아 찧기를 여덟 달 동안 하였으나 아직 조사당 앞에 가 보질 못하였으니, 바라건대 그대는 나를 남쪽 복도로 인도하여 이 게송을 보고 예배하게 하여 주게. 또한 바라건대 이 게송을 외워 내생의 인연을 맺어 부처님 나라에 나기를 바라네."

혜능의 게송

- 보리는 본래 나무가 없고/
- 밝은 거울 또한 받침대가 없네/
- 부처의 성품은 항상 깨끗하니/
- 어느 곳에 티끌과 먼지 있으리오.
- 菩提本無樹 보리본무수
- 明鏡亦無臺 명경역무대
- 佛性常淸淨 불성상청정
- 何處有塵埃 하처유진애

혜능의 게송

보리는 본래 나무가 없고/
밝은 거울 또한 받침대가 없네/
부처의 성품은 항상 깨끗하니/
어느 곳에 티끌과 먼지 있으리오.

육근은 본래 공하며
마음도 또한 공한 것이네.
본래 성품은 항상 깨끗한데
어디서 번뇌망상이 일어나겠는가.

성품과 작용

- 성질은 더러운데, 개떡 같은 데
  그래도 착하지 않느냐.

- 우리는 본래 부처다
  남악 회양과 마조 도일
  회양이 마조에게 숙제를 냄
  "소가 가지 않으면 소를 치겠느냐, 수레를
  밀겠느냐?"

혜능의 게송

- 마음은 보리의 나무요
- 몸은 밝은 거울의 받침대이네
- 밝은 거울은 본래 깨끗하거니
- 어느 곳에 티끌과 먼지가 물들리오.
- 心是菩提樹심시보리수
- 身爲明鏡臺신위명경대
- 明鏡本淸淨명경본청정
- 何處染塵埃하처염진애

5. 법을 받음

- 오조홍인대사께서 밤중 삼경에 혜능을 조사당 안으로 불러「금강경」을 설해 주었다. 혜능이 금강경의 '응무소주應無所住 이생기심而生起心'의 구절에서 문득 다시 깨쳤다.
- 그 날 밤으로 법을 전해 받으니 사람들은 아무도 알지 못하였다. 이내 오조홍인대사께서는 단박 깨치는 법과 가사를 전하며 말씀하였다.
- "네가 육대조사가 되었으니 가사로써 신표로 삼을 것이며, 대대로 이어받아 서로 전하되, 법은 마음으로써 마음에 전하여 마땅히 스스로 깨치도록 하라.

금강경을 법문해 내려가는데

- 응무소주 이생기심(應無所住 而生其心)에서 깨침.
- 제 10 장엄정토분
- 보살은 마땅히 이와 같은 청정한 마음을 일으켜야 하는 것이다. 형상에 머무름 없이 마음을 일으키는 것이며, 소리와 냄새와 맛과 감촉과 생각의 대상에 머무름 없이 마음을 일으키는 것이다. 응당히 이와 같이 머무르는 바 없이 마음을 일으켜야 하는 것이다.

5위 100법

무위법(6)

유위법(94)
- 선
- 불선
- 무기

심왕(8) — 안식, 이식, 비식, 설식, 신식, 의식, 마나식, 아뢰야식

심소법(편행5) — 촉, 작의, 수, 상, 사

알라야식(마나식)
- 별경(5)
- 선심소법(11)
- 번뇌지법(6)
- 수번뇌지법(20)
- 부정법(4)

색법(11)

심불상응행법(24)

깨치고 나서 성품을 보니

- 어찌 제 성품이 본래 청정함을 알았겠습니까?
- 어찌 제 성품이 본래 나고 죽지 않음을 알았겠습니까?
- 어찌 제 성품이 본래 구족함을 알았겠습니까?
- 어찌 제 성품이 흔들림 없음을 알았겠습니까?
- 어찌 제 성품이 능히 만법을 냄을 알았겠습니까?

전법의 어려움

- 혜능아, 옛 부터 법을 전함에 있어서 목숨은 실낱에 매달린 것과 같다

- 달마의 독살
  선불교의 태동에 대한 기득권 승려들의 탄압

홍인이 혜능을 마중함

- 혜능이 가사와 법을 받고 밤중에 떠나려 하니 홍인대사께서 몸소 구강역까지 혜능을 전송해 주었으며, 떠날 때 문득 홍인대사께서 말씀하였다.
- "너는 가서 노력하여라. 법을 가지고 남쪽으로 가되, 삼 년 동안은 이 법을 펴려 하지 말라. 환란이 일어날 것이다. 뒤에 널리 펴서 미혹한 사람들을 잘 지도하여, 만약 마음이 열리면 너의 깨침과 다름이 없을 것이다.

다른 제자들이 뒤쫓아 옴

- 두 달이 지나서 대유령에 이르렀는데, 뒤에서 수백 명의 사람들이 쫓아와서 혜능을 해치고 가사와 법을 빼앗고자 하였지만 다들 찾지 못하고 돌아갔다.
- 오직 한 스님만이 돌아가지 않았는데 성은 진이며 이름은 혜명이며, 선조는 삼품장군으로, 성품과 행동이 거칠고 포악하여 바로 고갯마루까지 쫓아 올라와서 덮치려 하였다.

혜명에게 법을 전함

- 혜능이 곧 가사를 돌려주었으나 또한 받으려 하지 않고 '제가 짐짓 멀리 온 것은 법을 구함이요 그 가사는 필요치 않습니다.' 하였다.
- 혜능이 고갯마루에서 문득 법을 설하니 혜명이 법문을 듣고 말끝에 마음이 열리었으므로, 혜명으로 하여금
  '곧 북쪽으로 돌아가서 사람들을 교화하라.' 고 하였다.

인연의 성숙

- 15년의 보림
- 광주 법성사에 이름
- "깃폭이 움직인다"
- "바람이 움직인다"
- "그것은 깃폭도 아니고 바람도 아니고 그대들 마음이 움직이는 것이다."

깨어있음으로 행복한
해탈과 편안으로 뛰어난 삶으로 이끄는
육조단경 강의(10강)

정명 김 성 규

통섭불교원

2016년 1월 6일

- 오늘 강의 주제
  -→ 정과 혜

- 진리는 정(定)과 혜(慧)로써 근본을 삼는다.
- 정과 혜는 하나이다.
- 정은 혜의 몸이요, 혜는 정의 씀이니, 곧 혜가 작용할 때 정이 혜에 있고, 정이 작용할 때 혜가 정에 있는 것이다.

인연의 성숙

- 15년의 보림
- 광주 법성사에 이름
- "깃폭이 움직인다"
- "바람이 움직인다"
- "그것은 깃폭도 아니고 바람도 아니고 그대들 마음이 움직이는 것이다."

---→ 달마법을 따른 혜능 법문 내용의 예고

달마의 법

- 소림사 면벽 9년
- 2조 혜가가 법을 물음
  "저의 마음이 편하지 못하니 편하게 해 주십시요."
- "불편한 너의 마음을 가져오너라."

6. 정 혜

- 혜능이 이곳 대범사에 와서 머무른 것은 모든 관료, 도교인, 속인들과 오랜 전생부터 많은 인연이 있어서이다.

- ----→ 전통에 의한 신분의 증명

미스코리아 선발대회

- 진, 선, 미
- 참가자와 심사위원과 구경꾼
- 외모와 조건이 되면
  왜 목숨을 걸고 참석할까요?

정혜

- 에너지와 엔트로피

- 정견의 성분
  정 --- 사마타
    송곳 --- 뚫고 들어가 본질을 보는 능력
  혜 --- 위빠사나
    칼날 --- 번뇌망상을 자르는 능력

정 혜

- 가르침은 옛 성인이 전하신 것이다.
- 혜능 스스로 안 것이 아니니. 옛 성인의 가르침 듣기를 원하는 이는 각각 모름지기 마음을 깨끗이 하여, 듣고 나서 스스로 미혹함을 없애어 옛 사람들의 깨침과 같기를 바란다.

- ---→ 내 소리가 아니고 부처님의 말씀임을 밝힘. 설법은 법을 설해야 한다.

본래성품

- 선지식들아, 보리반야의 지혜는 세상 사람들이 본래부터 스스로 지니고 있는 것이다. 다만 마음이 미혹하기 때문에 능히 스스로 깨치지 못하는 것이다.
- 그러므로 모름지기 큰 선지식의 지도를 구하여 자기의 성품을 보아라.
- 선지식들아, 깨치게 되면 곧 지혜를 이룰 것이다.
  ---→ 경허선사의 견성

정과 혜는 하나

- 선지식들아, 나의 이 법문은 정(定)과 혜(慧)로써 근본을 삼는다.
- 첫째로 미혹하여 혜와 정이 다르다고 말하지 말라. 정과 혜는 몸이 하나여서 둘이 아니다. 정은 혜의 몸이요, 혜는 정의 씀이니, 곧 혜가 작용할 때 정이 혜에 있고, 정이 작용할 때 혜가 정에 있는 것이다.
- 선지식들아, 이 뜻은 곧 정과 혜를 함께 함이다.

정과 혜는 함께함

- 도를 배우는 사람은 짐짓 정을 먼저 하여 혜를 낸다거나 혜를 먼저 하여 정을 낸다고 해서 정과 혜가 각각 다르다고 말하지 말라.
- 이런 소견을 내는 이는 법에 두 모양이 있는 것이다.
- 입으로는 착함을 말하면서 마음이 착하지 않으면 혜와 정이 함께 함이 아니며, 마음과 입이 함께 착하여 안팎이 한 가지면 정과 혜가 곧 함께 함이다.

등불과 그 빛

- 선지식들아, 정과 혜는 무엇과 같은가?
- 등불과 그 빛과 같다.
- 등불이 있으면 곧 빛이 있고 등불이 없으면 곧 빛이 없으므로, 등불은 빛의 몸이며 빛은 등불의 작용이다.
- 이름은 비록 둘이지만 몸은 둘이 아니다. 이 정과 혜의 법도 또한 이와 같다.

육조단경 강의(11강)

깨어있음으로 행복한
해탈과 편안으로 뛰어난 삶으로 이끄는

정명 김 성 규

통섭불교원

등불과 그 빛

- 선지식들아, 정과 혜는 무엇과 같은가?
- 등불과 그 빛과 같다.
- 등불이 있으면 곧 빛이 있고 등불이 없으면 곧 빛이 없으므로, 등불은 빛의 몸이며 빛은 등불의 작용이다.
- 이름은 비록 둘이지만 몸은 둘이 아니다. 이 정과 혜의 법도 또한 이와 같다.

일행삼매

- 오늘의 강의 주제

  ==➔ 삼매와 무념

- 행심반야바라밀다시
- (깊은 반야바라밀을 행할 때)
- 선정삼매에 들어 있을 때

세상을 바꾸는 새로운 트렌드, 명상

- 현대사회에서의 명상
    건강유지, 심리치료, 자기향상
- 정의 (샤피로, 월시)
    명상이란 전통적으로 한층 더 높은 의식상태 혹은 훨씬 더 건강하게 여겨지는 상태에 도달하고자 정신적 과정을 가다듬는 의식적 훈련이지만, 현대에서는 이완을 목적으로 하거나 어떤 종류의 심리적 치료를 목적으로 행해질 수도 있다.
- 명상방법
    집중명상(Concentration Meditation)과
    통찰명상(Insight Meditation)
- 2005년 미국 "뉴스위크"지
    미국 성인 약 1/3 이 어떤 형태로든 매일 명상을 하고 있다.

견성성불

- 참선, 좌선, 명상, 관조, 정념, 정정

- ==➔ 무념
- ---➔ 삼매
- ---➔ 견성
    자성 ➔ 해탈, 법성 ➔ 열반
- ---➔ 정견 (정념, 정정)
- ---➔ 내외명철

일행삼매

- 일행삼매란 일상에 가거나 머물거나 앉거나 눕거나 항상 곧은 마음을 행하는 것이다.
- 「정명경」에 말씀하기를 '곧은 마음이 도량이요 곧은 마음이 정토다.'라고 하셨다.
- 오직 곧은 마음으로 행동하여 모든 법에 집착하지 않는 것을 일행삼매라고 한다.

- --➔ 삼매 속에서 행하는 것

삼매 Samadhi

- 고요한 마음에 의해 존재 – 의식의 간단없는 체험을 성취한 상태
- 본연무상삼매
  본인의 에고를 최종적으로 완전히 소멸시켜버린 상태, 구생혹
- 합일무상삼매
  초지 보살, 분별혹
- 유상삼매
- 분별혹과 구생혹

스리 라마나 마하리쉬

- 1896년 십칠세의 한 소년(웨까따라만)이 내적인 충동에 이끌려 집을 나와 아루나찰나에 도착한 그는 무형의 내재적인 의식이라는 자각속으로 몰입해 들어갔다. 몰입이 너무 강렬해 바깥 세상을 완전히 잊어버렸다. 앉아 있는 그의 두 다리는 곤충들이 갈아먹어 들어갔고, 음식을 먹을 의식도 없었다. 이런 상태로 3년이 지나서야 그의 몸은 서서히 본래 상태로 돌아왔다.

일행삼매

- 마음에 아첨하고 굽은 생각을 가지고 입으로만 법의 곧음을 말하지 말라.
- 입으로는 일행삼매를 말하면서 곧은 마음으로 행동하지 않으면 부처님 제자가 아니다.

- --→ 불교는 아는 것을 터득해야 한다.
     알면 행해진다.

진묵대사

- 조선시대 신통제일
- 사미시절, 대흥사에 불이 남
- 스님을 파견하여 확인하기로 함
- 봉서사에서 대흥사까지 삼, 사일 일정
- 10일 전에 은사스님의 입적 부고를 줌
- 한달 이상 삼매에 들어었던 기록

위빠사나

- 위빠사나 ---- 알아차림

- 왜 알아차림을 하느냐?
- 명상 -→ 왜 마음챙김을 하느냐?

- 알아차림 ---- (특징) 통찰과 집중
                  (소득, 이득) 깨어있음

빠디삼바다막가(무애해도無碍解道, Patisambhidamagga)

- B.C. 250년 경에 성립된 아비달마시대 이전에 성립된 것으로 부처님의 원음이 가장 생생하게 살아있다.

- 윗수디막가(청정도론清淨道論, Visuddhimagga) 5세기경 붓다고사(불음, 각음)가 지음.
- 실론의 싱할라어로 되어 있는 불교초기 경전들을 토대로 하여 집대성한 논서.

삼매를 닦을 지어다

비구들이여, 삼매를 닦을 지어다. 비구들이여, 삼매에 든 비구는 있는 그대로를 알아차린다(pajānāti). 있는 그대로를 알아차린다는 것은 어떠한가?
눈(眼)에 대해 무상하다고 있는 그대로 알아차린다
시각대상(色)에 대해 무상하다고 있는 그대로 알아차린다.
눈의 의식(眼識)에 대해 무상하다고 있는 그대로 알아차린다.
눈의 접촉(觸)에 대해 무상하다고 있는 그대로 알아차린다.
눈의 접촉을 조건으로 하여 일어난 즐겁거나 고통스럽거나 즐겁지도 고통스럽지도 않은 느낌(受)에 대해 무상하다고 있는 그대로 알아차린다....

삼매

- 인식 --- 현량 --- 5식, 8식, 평상심이 도,
  무심 --- 이것이 되는 방법은
  　　　　<삼매>에 드는 것 밖에 없다.
  비량 --- 6식, 7식
- 삼매 ----> 순수함, 본래청정 ----> 있는 그대로 봄

- 응무소주 이생기심

도는 통하여 흘러야한다

- 도는 모름지기 통하여 흘러야 한다. 어찌 도리어 정체할 것인가? 마음이 머물러 있지 않으면 곧 통하여 흐르는 것이며, 머물러 있으면 곧 속박된 것이다.
- 만약 앉아서 움직이지 않음이 옳다고 한다면 사리불이 숲 속에 편안히 앉아 있는 것을 유마가 꾸짖었음이 합당하지 않는 것이다.

유마와 사리불

- 아! 사리불. 앉아 있는 것만이 좌선이 아닙니다. 좌선이란 생사를 거듭하는 미혹의 세계에 있으면서도 몸이나 마음의 작용을 나타내지 않는 것을 말합니다.
- 또 깨달음의 길을 걸으면서도 세속적인 일상생활을 보내는 것이 좌선이며, 마음이 안으로 갇히어 정적에 잠기는 것도 아니고 밖을 향해 어지러워 지지도 않는 것이 좌선이며, 번뇌를 끊지 않은 채 궁극적인 깨달음에 들어가는 것이 좌선입니다.

유마와 사리불

- 만약 이와 같이 좌선을 할 수 있다면, 부처님께서도 인정해 주실 것입니다.
- 생활과 격리된 깨달음은 있을 수 없는 것이며 깨달음의 성취도 바로 생활 속에서 이루어져야 합니다.
- 깨달음의 세계는 환상도 허구도 아닙니다. 실재 생활 속에 내재하고 있는 현실의 향기이며 여운인 것입니다.

깨어있음으로 행복한

해탈과 편안으로 뛰어난 삶으로 이끄는

육조단경 강의(12강)

정명 김 성 규

통섭불교원

7. 무념

- 오늘강의의 주제
  ==➔ 무념 無念, 무상 無相, 무주 無住

- 법문의 내용
- 무념[無念]을 세워 종(宗)으로 삼으며,
- 무상[無相]을 본체로 삼고,
- 무주[無住, 머무름 없음]을 근본으로 삼는다.

돈오와 점오

- 법에는 단박 깨침과 점차로 깨침이 없다. 그러나 사람에 따라 영리하고 우둔함이 있으니, 미혹하면 점차로 계합하고 깨친 이는 단박에 닦는다.

- 미혹 -➔ 수행하면서 결과를 보지 못함
- 깨친 -➔ 돈수, 수행하면서 결과에 밝음

돈오와 점오

- 자기의 본래 마음을 아는 것이 본래의 성품을 보는 것이다.
- 깨달으면 원래로 차별이 없으나 깨닫지 못하면 오랜 세월을 윤회하게 된다.

- 깨달으면 --➔ 차별이 없으나 ➔ 하나임
- 깨닫지 못하면 --➔ 윤회

무념, 무상, 무주의 설명

- 종으로 삼고 --- 조계종, 천태종
- 본체로 삼고 --- 금강경, 묘법연화경
- 근본으로 삼고 ---
    - 금강경 --- 무주
        - 응무소주 이생기심
    - 묘법연화경 --- 일불승
        - 회삼승 귀일불

무념, 무상, 무주의 설명

- 어떤 것을 무상하다고 하는가?
- 무상이라는 것은 모양에서 모양을 떠난 것이다.
- 무념이라는 것은
- 생각에 있어서 생각하지 않는 것이며,
- 무념인 머무름이 없다고 하는 것은
- 사람의 본래 성품이 생각마다 머무르지 않는 것이다.

염념상속

- 지나간 생각과 지금의 생각과 다음의 생각이 생각생각 서로 이어져 끊어짐이 없으니 만약 한 생각이 끊어지면 법신이 곧 육신을 떠나게 된다.

- 前念今念後念 念念相續 無有絶斷 若一念斷絶 法身 卽是離色身

무주 -→ 응무소주

순간순간 생각할 때에 모든 법 위에 머무름이 없으니, 만약 한 생각이라도 머무르면 생각마다에 머무는 것이므로 얽매임이라고 하며, 모든 법 위에 순간순간 생각이 머무르지 않으면 곧 얽매임이 없는 것이다. 그러므로 머무름이 없는 것으로 근본을 삼는 것이다.

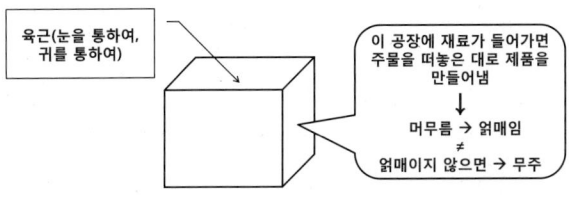

5위 100법

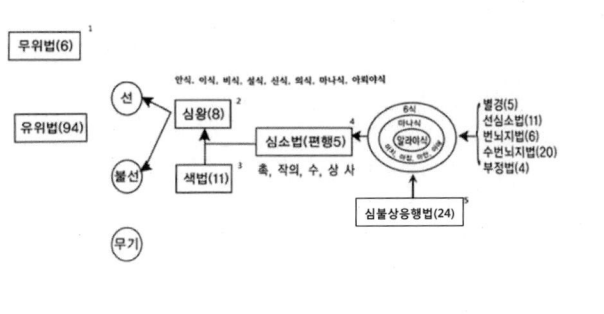

무상

밖으로 모든 모양을 여의는 것이 무상이다. 오로지 모양을 여의기만 하면 자성의 본체는 청정한 것이다. 그러므로 무상으로 본체를 삼는 것이다.

모양을 여의면 -→ 무상
≠
눈을 통하여 보는 모든 사물에 대하여 일정한 형태를 가진 (모양을 가진) 것으로 저장

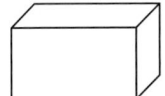
상자 안에 온갖 모양의 것이 들어 있음 → 제칠식, 말나식

무념

모양을 여의면 -→ 무상
≠
눈을 통하여 보는 모든 사물에 대하여 일정한 형태를 가진 (모양을 가진) 것으로 저장

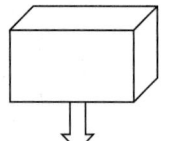 상자 안에 온갖 모양의 것이 들어 있음
→ 제칠식, 말나식

우리는 상자 안의 것을 끊임 없이 끄집어 내어 사용하고 있다.
그 모양으로 인식된 대로 사용한다. → 경계에 물듦.
≠
경계에 물들지 않으면 -→ 무념

무념

모든 경계에 물들지 않는 것을 무념이라고 하며, 자기의 생각 위에서 경계를 떠나고 법에 대하여 생각이 나지 않는 것이다.

백 가지 사물을 모두 생각하지 않는다고 생각을 제거해 다했다고 하지 말라. 한 생각 끊어지면 곧 다른 곳에서 남(生)을 받게 된다.

무념을 종으로 삼는다

- 도를 배우는 사람은 마음을 써서 법의 뜻을 쉬도록 하라. 자기의 잘못은 그렇다 하더라도 다시 다른 사람에게 원하겠는가.
- 미혹하여 스스로 알지 못하고 또한 경전의 법을 비방하니, 그러므로 무념을 세워 종을 삼는 것이다.

무념을 종으로 삼는다

- 미혹한 사람은 경계 위에 생각을 두고 생각 위에 곧 삿된 견해를 일으키므로 그것을 반연하여 모든 번뇌와 망령된 생각이 이로 부터 생기는 것이다.
- 그러므로 이 가르침의 문은 무념(無念)을 세워 종을 삼는다.

무념

- 자기의 성품이 생각을 일으켜 비록 보고 듣고 느끼고 알지만,
- 일만 경계에 물들지 않아서 항상 자재한 것이다.

- 유마경에서
- "밖으로 능히 모든 법의 모양을 잘 분별하나 안으로 제일의는 움직이지 않는다."

무념[無念]

- 염관스님이 있었는데 참선 납자들이 칠, 팔 백명이나 있었음.
- 휘일이라는 제자가 있었음.
- 오십이 넘도록 시중만 들다가
- 어느 날 저승사자가 찾아 옴.

깨달음(견성)

- 연기?
- 깨달음이 무엇인가?
- 무념이 지속되면 삼매에 든다.
- 움직임이 없는 것 같은 극미세 움직임이 보이기 시작한다.

- $Xx + x - 6 = 0$ 에서 x 는?

극저온 상태, 헬륨

1755년 제빙기를 만듬
1895년 영국의 린데, 독일의 햄프슨
    ---- 공기 액화 성공   -180 도 C
1906 온네스 - 269 도, C 4.2 도 K
초전도현상, 초유동현상

높은 온도에서는 물질속의 열운동이 활발하기 때문에 미세한 운동은 격자진동 속에 묻혀버린다. 온도를 내리면 미세운동을 관찰할 수 있다.

=➔ 참선이나 화두를 통하여 정신을 집중하여 무념이 되고 삼매에 드는 것도 같은 현상이다.

무념 무상

- 무심도인 --- 무념무상
- 무주 --- 응무소주

- 화두일념

존재

- 안이비설신의 ==➔ 자신 ---- 자성

- 색성향미촉법 ==➔ 법신 ---- 법성

- 법성원융무이상 法性圓融無二相
  법성은 원융하여 두가지의 모양이 아니네
- 사리자 시제법공상 舍利子 是諸法空相
  제법은 모양이 공하다

불성

- 불성(-➔ 법성)
- 자성과 법성
- 자성 청정
    --➔ 번뇌장을 소멸하여 해탈
- 법성 적정
    --➔ 소지장을 소멸하여 열반

무상

- 세상 사람이 견해를 여의고 생각을 일으키지 않아서, 만약 생각함이 없으면 생각 없음도 또한 서지 않는다.
- 없다함은 무엇이 없다는 것이고, 생각함이란 무엇을 생각하는 것인가?
- 없다함은 두 모양의 모든 번뇌를 떠난 것이며,
- 생각함은 진여의 본성을 생각하는 것으로서,
- 진여는 생각의 본체이며 생각은 진여의 작용인 것이다.

유마경에서

- 그러므로 자기의 성품이 생각을 일으켜 비록 보고 듣고 느끼고 알지만, 일만 경계에 물들지 않아서 항상 자재하는 것이다.

- 유마경에서
- "밖으로 능히 모든 법의 모양을 잘 분별하나, 안으로 첫째 뜻에 있어서 움직이지 않는다."

깨어있음으로 행복한
해탈과 편안으로 뛰어난 삶으로 이끄는
육조단경 강의(13강)

정명 김 성 규

통섭불교원

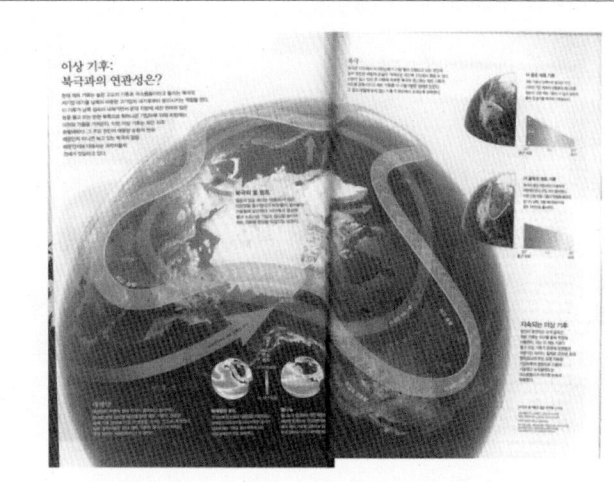

8. 좌선(坐 禪)

- 선지식들아, 이 법문 중에 좌선은 원래 마음에 집착하지 않고 또한 깨끗함에도 집착하지 않는다. 또한 움직이지 않음도 말하지 않으며, 만약 마음을 본다고 말한다면, 마음은 원래 허망한 것이며 허망함이 허깨비와 같은 까닭에 볼 것이 없는 것이다.

- --→ 마음에 집착하지 않고
   　　 깨끗함에도 집착하지 않고

공부, 수행

- 좌선
- 참선
  ====→ 공부(수행) -→ 집중

  위빠사나 -→ 알아차림, 아는 것
  사마타 ---→ 알아차림에 집중하는것
  　　　　　　(바둑, 화두, ...)

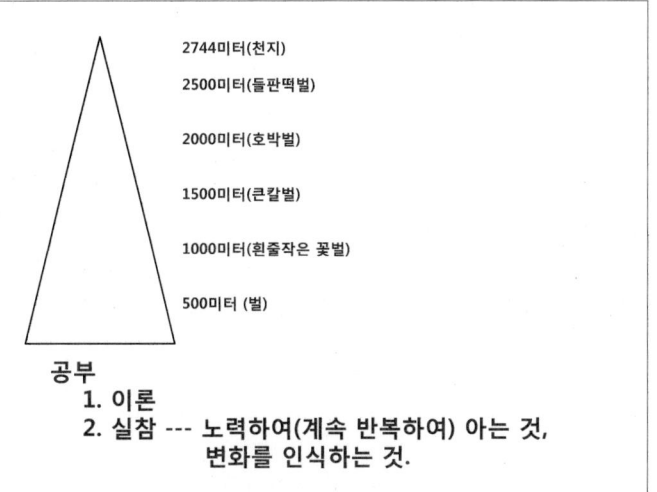

2744미터(천지)
2500미터(들판떡벌)
2000미터(호박벌)
1500미터(큰칼벌)
1000미터(흰줄작은 꽃벌)
500미터 (벌)

공부
　1. 이론
　2. 실참 --- 노력하여(계속 반복하여) 아는 것,
　　　　　　변화를 인식하는 것.

좌 선(坐 禪)

- 만약 깨끗함을 본다고 말하면 사람의 성품은 본래 깨끗함에도 허망한 생각으로 진여가 덮인 것이므로 허망한 생각을 여의면 성품은 본래대로 깨끗한 것이다.
- 자기의 성품이 본래 깨끗함은 보지 않고 마음을 일으켜 깨끗함을 보면 도리어 깨끗하다고 하는 망상[淨妄]이 생기는 것이다.

- ---→ 그냥 깨끗함을 보고 느끼는 것
  마음을 일으켜 깨끗함을 생각하는 것이 아님

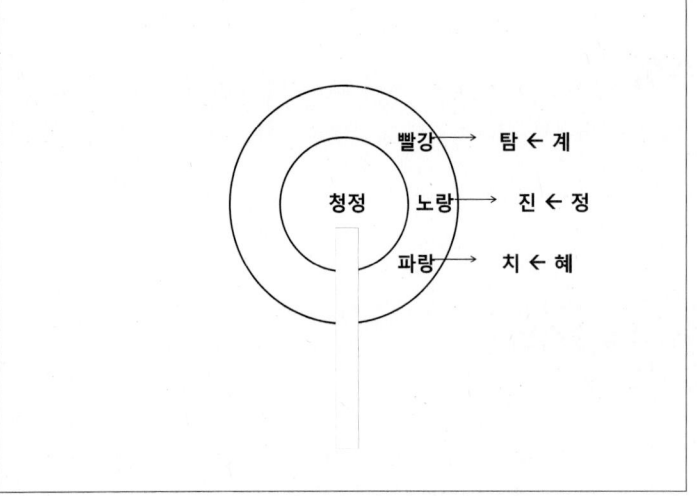

망상은 처소가 없다

- 망상은 처소가 없다. 그러므로 본다고 하는 것이 도리어 허망된 것임을 알아야 한다.
- 깨끗함은 모양이 없으므로, 도리어 깨끗한 모양을 세워서 이것을 공부라고 말하면 이러한 소견을 내는 이는 자기의 본래 성품을 가로막아 도리어 깨끗함에 묶이게 된다.
- 만약 움직이지 않는 이가 모든 사람의 허물을 보지 않는다고 하면 이는 자성이 움직이지 않는 것이다.

견성

- 성품이 무엇인지 알아야 보지?
- 성품이? 무엇일까?
- 청정하다는데?
- 공기? 투명? --→ 생각을 일으킴 --→ 허망
- ---→ 망상, 허망한 생각

- 수월스님 "부처가 무엇입니까?"
- "즉심시불" --→ "짚신데기"

좌선의 설명

- 미혹한 사람은 자기의 몸은 움직이지 아니하나 입만 열면 곧 사람들의 옳고 그름을 말하니, 도와는 어긋나고 등지는 것이다. 마음을 보고 깨끗함을 본다고 하는 것은 도리어 도를 가로막는 인연이 되는 것이다.
- 일체 걸림이 없어서, 밖으로 모든 경계 위에 생각이 일어나지 않는 것이 좌[坐]이며, 안으로 본래 성품을 보아 어지럽지 않는 것이 선[禪]이다.

육근의 작용

- 안이비설신의
- 설신의 --- 신구의 삼업
- 안이 --- 보기만하고, 듣기만 한다
- 비 – 호흡을 통하여 근과 경을 하나로
- 호흡은 수행의 처음이자 마지막이다
- 가부좌, 반가부좌
- 무념, 무상 ==→ 무심

진리와 마주하는 방법

- 진리에 이르는 방법 --- 호흡을 통하여
1. 자신을 바로보기
2. 공부하는데 첫 번째 조건은 이제 까지 갖고 있던 아집을 볼 수 있어야 합니다.
3. 아집을 보는 순간 아집에서 벗어난 새로운 자신을 만나게 됩니다.
4. 이제 아집과 만나는 시간입니다.
5. 몸을 바르게 해야 그 속에 들어있는 마음의 본질을 만나게 됩니다.

자세

6. 가부좌 자세는 이 몸뚱이를 가지고 선정에 들 수 있는 최고의 자세입니다.
7. 오른쪽 발등을 왼쪽 무릎 위로 당겨 올립니다.
8. 왼쪽 발등도 오른쪽 무릎 위로 당겨 올리면 다리가 교차됩니다.
9. 이 자세가 되지 않으면 반가부좌 자세를 하십시오.
10. 손으로 바닥을 짚고 엉덩이를 조금 뒤로 물려 허리를 펴시면 허리가 곧게 펴집니다.
    척추가 곧으면 집의 기초공사가 튼튼하면 집이 무너지지 않는 것처럼 병이 침범하지 못 합니다.
11. 엉덩이 쪽을 방석 높이만큼 높게 하면 자세가 쉬워지고 편안해집니다.

손모양

12. 손은 오른손과 왼손을 가볍게 포갭니다. 엄지 손가락은 붙여 타원이 되도록 합니다.
    오른쪽 다리가 위에 있으면 오른손이 왼손 위에 놓이도록 합니다. 이 자세는 부처님이 고행을 하시면서 선정에 들 때 하신 자세입니다. (선정인)
13. 손은 무릎 끝에 편안하게 놓고 약지(엄지 바로 옆 손가락)를 땅을 가르키는 자세도 좋습니다. 이 자세는 부처님이 마지막 마군이를 항복받고 부처를 이룰 때의 자세입니다. (항마촉지인)
    처음 시작할 때는 선정인 좋습니다.

입모양

14. 입술은 말아 입 천장에 닿이도록 합니다.
15. 턱은 가볍게 당겨 눈이 코 끝을 향하게 합니다.
16. 그러면 눈은 전방 약 60CM 정도 앞을 보게 됩니다.
17. 눈은 반쯤 뜨고 반쯤 감습니다.
    눈을 감는 것은 산란심을 제어하기 위해서이며, 뜨는 것은 나태심(무기)에 빠지는 것을 제어하기 위해서입니다.

호흡

18. 제일 중요한 것이 호흡입니다.
19. 이 몸뚱이(안이비설신)을 가지고 대상(우주, 색성향미촉)과 교감하는 방법은 들숨과 날숨을 통한 호흡입니다.
20. 마음을 안정되게 하고 편안하게 하기 위해서 호흡을 고르게 하여야 합니다.
21. 먼저 수식관으로 시작합니다.
22. 들숨에서는 숫자를 헤아릴 때 12345678910를 합니다.
23. 날숨에서는 숫자를 헤아릴 때 10987654321를 합니다.
24. 들숨은 조금 짧게 들어 마시고, 날숨은 조금 길게 내 쉽니다.
25. 들숨 날숨에서 코 끝에 풀잎을 갖다 놓더라도 움직임이 없을 정도로 약하게 약하게 해야 합니다.

생각

26. 숨을 들이쉴 때는 이 우주에 충만한 모든 기운을 내 속으로 빨아들이는 기분으로 숨을 들어 마십니다.
27. 숨을 내쉴 때는 내 속에 있는 맑고 깨끗한 기운이 이 우주 끝까지 미친다는 생각으로 숨을 내쉽니다.
28. 이렇게 하여 나와 우주가 교감하게 됩니다.
29. 이것만 제대로 되어도 평생 몸에 병 없이 살 수 있습니다.
30. 이것이 잘 되면 그 다음에는 나의 아집을 깨뜨리는 작업입니다. 이 작업은 한 달 정도 할 예정입니다.
31. 아집이 깨어져야 좌선으로 삼매에 들어 견성성불 할 수가 있습니다.

선정

- 어떤 것을 선정이라 하는가?
- 밖으로 모양을 떠남이 선이며, 안으로 어지럽지 않음이 정이다.
- 설사 밖으로 모양이 있어도 안으로 성품이 어지럽지 않으면 본래 대로 스스로 깨끗하고 스스로 정[定]인 것이다.
- 그러나 다만 경계에 부딪침으로 말미암아 부딪쳐 곧 어지럽게 되니, 모양을 떠나 어지럽지 않는 것이 곧 정인 것이다.

선정의 내용

- 　　　　처음　　중간　　마지막
- 　　　　청정　　평정　　즐거움

- 초선정　심사희락, 말을 멸한다
- 2선정　희락, 감각과 관찰을 멸한다
- 3선정　락, 기쁨을 멸한다
- 4선정　정, 즐거움도 멸하고 숨결이 멈춤

선정으로 깨침

- 「유마경」에 말씀하기를
- '즉시에 활연히 깨쳐 본래 마음을 도로 찾는다.' 하였고, (-→ 방법, 선정으로)
- 「보살계」에 말씀하기를
- ' 본래 근원이 자성이 깨끗하다.' 고 하였다.
    (--→ 선정의 내용)

- 선지식들아, 자기의 성품이 스스로 깨끗함을 보아라.
- 스스로 닦아 스스로 지음이 자기 성품인 법신이며,
- 스스로 행함이 부처님의 행위이며,
- 스스로 짓고 스스로 이룸이 부처님의 도인 것이다.

깨어있음으로 행복한
해탈과 편안으로 뛰어난 삶으로 이끄는
육조단경 강의(14강)

정명 김 성 규

통섭불교원

9. 삼 신(三 身)

- 선지식들아, 모두 모름지기 자기의 몸으로 무상계[無相戒]를 받되, 다함께 혜능의 입을 따라 말하라. 선지식들로 하여금 자신의 삼신불(三身佛)을 보게 할 것이다.
- "나의 색신의 청정법신불에 귀의하며,
- 나의 색신의 천백억화신불에 귀의하며,
- 나의 색신의 당래원만보신불에 귀의합니다."

기독교 삼위일체설

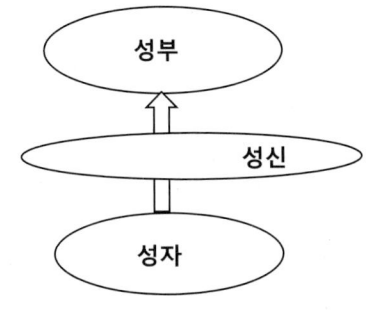

불교에서 삼신사상

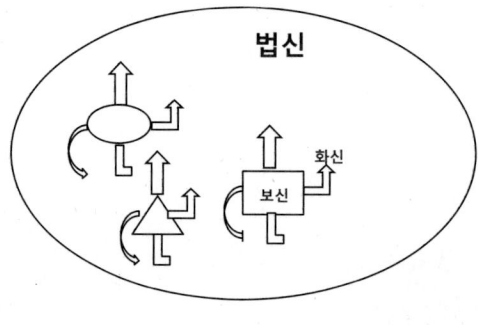

타수용신 설명

(현상세계에서) 훔, 識

북 (불공성취여래)
(변화신), 시무외
메, 地, 연

서 (아미타여래)
(타수용신), 선정
반, 風, 적

비로자나여래
(법신), 지권
옴, 空, 백

동 (아촉여래)
(자성신), 촉지
마, 水, 청

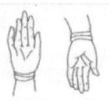
남 (보생여래)
(자수용신), 여원
니, 火, 황

세 성품의 부처

- 색신은 집이므로 귀의한다고 말할 수 없다.
- 앞에 세 몸은 자기의 법성 속에 있고 세상 사람이 다 가진 것이다. 그러나 미혹하여 보지 못하고 밖으로 세 몸의 부처를 찾고 자기 색신 속에 있는 세 성품의 부처는 보지 못하는 것이다.
- 선지식들은 들어라. 선지식들에게 말하여 선지식들로 하여금 자기의 색신에 있는 자기의 법성이 세 몸의 부처를 가졌음을 보게 할 것이다.

법신과 자성

- 이 세 몸의 부처는 자성으로부터 생긴다.
- 어떤 것을 깨끗한 법신의 부처라고 하는가?
- 선지식들아, 세상 사람의 성품은 본래 스스로 깨끗하여 만 가지 법이 자기의 성품에 있다.
- 그러므로 모든 악한 일을 생각하면 곧 악을 행하고 모든 착한 일을 생각하면 문득 착한 행동을 닦게 되는 것이다.

법신과 자성

- 이와 같이 모든 법이 다 자성 속에 있어서 자성은 항상 깨끗함을 알라.
- 해와 달은 항상 밝으나 다만 구름이 덮이면 위는 밝고 아래는 어두워서 일월성신을 보지 못한다.
- 그러다가 홀연히 지혜의 바람이 불어 구름과 안개를 걷어 버리면 삼라만상이 일시에 모두 나타나는 것이다.

성품 가운데 만법이 나타남

- 우리들의 자성도 깨끗함이 맑은 하늘과 같아서, 혜(惠)는 해와 같고 지(智)는 달과 같다. 지혜는 항상 밝되 밖으로 경계에 집착하여 망념의 뜬 구름이 덮여 자성이 밝지 못할 뿐이다.
- 그러므로 선지식이 참 법문을 열어 주어 미망을 불어 물리쳐 버리면 안팎이 사무쳐 밝아 자기의 성품 가운데 만법이 다 나타나며, 모든 법에 자재한 성품을 청정법신이라 한다. 스스로 돌아가 의지함이란 착하지 못한 행동을 없애는 것이며 이것을 이름 하여 돌아가 의지함이라 한다.

천백억화신

- 어떤 것을 천백억화신불이라고 하는가?
- 생각하지 않으면 자성은 곧 비어 고요하지만 생각하면 이는 곧 스스로 변화한다.
- 그러므로 악한 법을 생각하면 변화하여 지옥이 되고
- 착한 법을 생각하면 변화하여 천당이 되고
- 독과 해침은 변화하여 축생이 되고
- 자비는 변화하여 보살이 되며,
- 지혜는 변화하여 윗 세계가 되고
- 우치함은 변화하여 아랫 나라가 된다.
- 이같이 자성의 변화가 매우 많으며, 미혹한 사람은 스스로 알아보지를 못한다.
- 한 생각이 착하면 지혜가 생기며, 이것을 이름 하여 자성의 화신이라 하는 것이다.

원만보신불

- 어떤 것을 원만보신불이라 하는가?
- 한 등불이 능히 천년의 어둠을 없애고 한 지혜가 능히 만년의 어리석음을 없애며, 과거를 생각하지 말고 항상 미래만을 생각하라. 항상 미래의 생각이 착한 것을 이름 하여 보신이라고 한다.
- 한 생각의 악한 과보는 천년의 착함을 물리쳐 그치게 하고 한 생각의 착한 과보는 천년의 악을 물리쳐 없애며,
- 비롯함이 없는 때로부터 미래의 생각이 착함을 보신이라고 이름 하는 것이다.

법신이 화신이며 보신이다

- 법신을 좇아 생각함이 곧 화신이며,
- 순간순간의 생각마다 착한 것이 곧 보신이며,
- 스스로 깨쳐 스스로 닦음이 곧 돌아가 의지하는 것이다.
- 가죽과 살은 색신이며 집이므로 귀의할 곳이 아니다. 다만 세 몸을 깨치면 곧 큰 뜻을 알게 된다.

깨어있음으로 행복한
해탈과 편안으로 뛰어난 삶으로 이끄는
육조단경 강의(15강)

정명 김 성 규

통섭불교원

어떤 원을 세울 것인가?

- 가섭의 전생
  흉년이 들어 먹을 것이 없음
  수행자가 가난한 마을에 걸식을 옴
  자신의 저녁으로 감자를 나누어 줌

10. 네 가지 원 (四願)

- 무량한 중생 다 제도하기를 서원합니다.
- 무량한 번뇌 다 끊기를 서원합니다.
- 무량한 법문 다 배우기를 서원합니다.
- 위 없는 불도 이루기를 서원합니다.
- 衆生無邊誓願度
- 煩惱無邊誓願斷
- 法門無邊誓願學
- 無上佛道誓願成

법장비구 48원

제 1원 : 악취무명원(惡趣無名願) -- 지옥세계 아예 없고 /
극락국토에 지옥. 아귀. 축생이 없어지게 하는 願.
제 2원 : 무타악도원(無墮惡道願) -- 삼악도에 아니나며 /
극락에 나는 자가 다시 삼악도에 떨어지지 않게 하는 願.
제 3원 : 동진금색원(同眞金色願) -- 금색몸이 이뤄지고 /
극락에 왕생하는 자가 몸이 금색으로 되게 하는 願.
제 4원 : 형모무차원(形貌無差願) – 모든 모습 똑 같으며 /
나라 안의 천인(天人)들의 형색이 좋고 추한 것이 없게
하는 願.
제 5원 : 성취숙명원(成就宿命願) -- 숙명통이 이뤄지고 /
극락에 왕생한 사람 모두 숙명지를 얻게 하는 願.
제 6원 : 생획천안원(生獲天眼願) -- 천안통이 이뤄지고 /
극락에 왕생한 사람 모두 천안통을 얻게 하는 願.
제 7원 : 생획천이원(生獲天耳願) -- 천이통이 이뤄지고 /
극락에 왕생한 사람 모두 천이통을 얻게 하는 願.

제 8원 : 보지심행원(普知心行願) -- 타심통을 성취하며 /
극락국 가운데 천인들 모두 타심통을 얻게 하는 願.
제 9원 : 신족초월원(神足超越願) -- 신족통이 이뤄지고 /
극락의 천인들 모두 신경통(神境通)을 얻게 하는 願.
제 10원 : 정무아상원(淨無我想願) – 아상 없이 깨끗하며 /
중생이 속히 육신통 중의 누진통(漏盡通)을 얻게 하는 願.
제 11원 : 결정정각원(訣定正覺願) -- 정각성취 결정되고 /
정토에 왕생하는 사람은 반드시 열반 대과(大果)에 이르게
하는 願.
제 12원 : 광명보조원(光明普照願) -- 대광명은 두루하며 /
부처님의 광명이 무량하시어 시방세계의 모든 불국을 두루
비추는 願.
제 13원 : 수량무궁원(壽量無窮願) -- 이 목숨이 끝이없고 /
부처님의 수명이 무량하시어 시방 세계의 모든 불국을 두루
비추는 願.
제 14원 : 성문무수원(聲聞無數願) – 나한 성중 무수하며 /
나라안 성문들을 능히 계량(計量)하여 그 수(數)를 알지 못
하게 하는 願.

제 15원 : 중생장수원(衆生長壽願) -- 중생들은 장수하고 /
중생의 수명이 천인과 같이 끝이 없기를 바라는 願.
제 16원 : 개획선명원(皆獲善名願) – 좋은 이름 다얻으며 / 극락
에 왕생하는 자는 모두 착하지 아니한 이름이 없게 하는 願.
제 17원 : 제불칭찬원(諸佛稱讚願) -- 모든 부처 찬탄하고 /
시방세계 무량제불이 각각 아미타불의 명호를 칭찬 송양하게
하는 願.
제 18원 : 십념왕생원(十念往生願) -- 열번 염불 왕생하며 /
염불하는 중생이 서방정토에 왕생하게 하는 願.
제 19원 : 임종현전원(臨終現前願) -- 임종시엔 미타뵙고 /
염불행자가 임종 때에 아미타여래가 모든 성중과 더불어 그
사람 앞에 나타나시는 願.
제 20원 : 회향개생원(廻向皆生願) -- 필경에는 극락가며 / 시방
중생이 아미타불의 명호를 듣고 지극한 마음으로 극락에 태어
나고자 하면 결정코 왕생하게 하는 願.
제 21원 : 구족묘상원(具足妙相願) -- 좋은 상호 다 갖추고 /
극락에 왕생하는 사람 모두 32상(相)을 만족하게 얻게 하는 願.

제 22원 : 함계보처원(咸階補處願) - 보처 자리 오르시며 / 정토에 왕생하는 사람은 반드시 일생보처위에 이르게 하는 願.
제 23원 : 신공타방원(晨供他方願) -- 시방제불 공양하고 / 나라 안의 보살들이 무량국토에 두루 이르러 모든 부처님을 공양하게 하는 願.
제 24원 : 소수만족원(所須滿足願) - 모든 것이 만족하며 / 보살이 모든 부처님께 공양하는 품구(品具)가 여의자재 하게 하는 願.
제 25원 : 선입본지원(善入本地願) -- 근본지혜 깨치옵고 / 극락에 왕생한 사람이 부처님의 일체지의 경계를 설할 수 있게 하는 願.
제 26원 : 나라연력원(那羅延力願) -- 금강같은 힘 얻으며 / 극락에 왕생한 사람이 다 나라연의 금강견고신(金剛堅固身)을 얻게 하는 願.
제 27원 : 장엄무량원(莊嚴無量願) -- 공덕장엄 무량하고 / 나라 안의 사람들이 사용하는 물품은 모두 최상의 것으로 그 양도 셀 수 없을 정도로 많기를 바라는 願.

제 28원 : 보수실지원(寶樹悉知願) --보배나무 모두 알며 / 나라 안의 보살과 비록 소공덕자(少功德者)라도 그 도량수의 광명 형색(光明形色)을 알아보게 하는 願.
제 29원 : 획승변재원(獲勝辯才願) -- 말솜씨가 뛰어나고 / 극락에 왕생한 사람이 변재(辯才)와 지혜를 얻게 하는 願.
제 30원 : 대변무변원(大辯無辯願) -- 변재능력 가 없으며 / 극락에 왕생하는 사람이 지변무궁(脂辯無窮)의 덕(德)을 얻게 하는 願.
제 31원 : 국정보조원(國淨普照願) -- 나라마다 깨끗하고 / 극락정토의 청정하기가 명경(明鏡) 같게 하는 願.
제 32원 : 무량승향원(無量勝香願) - 좋은 법문 무량하며 / 국토가 거울같이 맑고 청정하기를 서원하는 願.
제 33원 : 몽광안락원(蒙光安樂願) - 광명 받아 안락하고 / 시방세계 모든 불국토의 중생들이 아미타불의 광명으로 구제 되게 하는 願.
제 34원 : 성취총지원(成就總持願) -- 신통력을 성취하며 / 아미타불의 이름을 들은 모든 사람은 다 무생법인(無生法忍)을 얻게 하는 願.

제 35원 : 영리여신원(永離女身願) -- 여자 몸 받지 않고 / 세계의 모든 여자들이 아미타불의 명호를 듣고 발심왕생하게 願.
제 36원 : 문명지과원(聞名知果願) -- 명호를 깨달으며 / 시방세계의 모든 보살들이 아미타불의 이름을 듣고 항상 청정한 행을 닦아서 성불에 이르게 하는 願.
제 37원 : 천인경례원(天人敬禮願) -- 천인들이 공경하고 / 인천(人天)이 염불행자(念佛行者)를 공경하게 하는 願.
제 38원 : 수의수념원(須意隨念願) -- 생각따라 옷입으며 / 모든 천인(天人)의 의복을 얻고자 하면 생각을 따라서 곧 이르게 하는 願.
제 39원 : 자생심정원(裳生心淨願) -- 맑은 마음 절로나고 / 나라 안의 모든 천인(天人)이 즐거움을 누리되 염착(染着)이 없게 하는 願.
제 40원 : 수현불찰원(樹現佛刹願) -- 불국토가 이뤄지고 / 모든 사람으로 하여금 정토의 장엄을 보게 하는 願.
제 41원 : 무제근결원(無諸根缺願) -- 육근에는 결함없고 / 다른 세계의 보살들이 아미타불의 명호를 듣고 성불할 때까지 육근(六根)이 구족하게 하는 願.

제 42원 : 현증등지원(現證等持願) -- 대 해탈의 힘 얻으며 / 다른 나라의 보살들이 모두 삼매에 머물러 모든 부처님을 공경하게 하는 願.
제 43원 : 문생호귀원(聞生豪貴願) -- 날때마다 부귀하고 / 다른 나라의 보살들이 아미타불의 이름을 들은 힘으로써 귀한 집안에 나게 하는 願.
제 44원 : 구족선근원(具足善根願) -- 모든 선근 다 갖추고 / 모든 선근 다른 나라의 보살들이 뛸 듯이 기뻐하며 보살행을 닦아 만덕(万德)을 구족하게하는 願.
제 45원 : 공불견고원(供佛堅固願) -- 불공하길 서원하고 / 다른 세계의 보살들이 삼매중에 부처님을 뵈옵게 하는 願.
제 46원 : 욕문자문원(欲聞自聞願) -- 좋은 법문 늘 들으며 / 극락중생이 뜻을 따라서 묘법(妙法)을 듣게 하는 願.
제 47원 : 보리무퇴원(菩提無退願) -- 깨달음길 퇴보않고 / 다른 나라의 보살들이 아미타불의 이름을 듣고 곧 불퇴전(不退轉)의 위(位)에 머물게하는 願.
제 48원 : 현획인지원(現獲忍地願) -- 현세에서 왕생하며 / 다른 나라의 모든 보살들이 삼종법인(三種法忍)을 얻게 하는 願

자성사홍서원

- 自性衆生誓願度
- 自性煩惱誓願斷
- 自性法門誓願學
- 自性佛道誓願成

자성중생서원도

- 선지식들아, 무량한 중생을 맹세코 다 제도한다 함은 혜능이 선지식들을 제도하는 것이 아니라, 마음속의 중생을 각기 자기의 몸에 있는 자기의 성품으로 스스로 제도하는 것이다.

- ==➔ 견성
  ←- 삼매 ←- 무념 ←- 사마타, 위빠사나

자성중생서원도

- 어떤 것을 자기의 성품으로 스스로 제도한다고 하는가?
- 자기 육신 속의 삿된 견해와 번뇌와 어리석음과 미망에 본래의 깨달음의 성품을 스스로 가지고 있으므로 바른 생각으로 제도하는 것이다. 이미 바른 생각인 반야의 지혜를 깨쳐서 어리석음과 미망을 없애 버리면 중생들 저마다 스스로 제도한 것이다.

- ==➔ 바른 생각, 지혜

自性煩惱誓願斷

- 自性煩惱誓願斷
- 자성을 알면 번뇌는 스스로 없어진다
- 물에 빠진 사람은 물에 빠진 사람을 건질 수 없다

自性法門誓願學

- 自性法門誓願學
- 법을 배워 알아야 자성을 본다
- 법이란 무엇인가?
- 나 -➔ 정신(자성), 육신(자신)
- 법 -➔ 법성, 법신
- 불성 -➔ 자성 --- 해탈, 열반
  　　　　　법성 --- 보리, 정각

自性佛道誓願成

- 自性佛道誓願成
- 부처가 되겠다고 서원을 하면 자성은 스스로 알아지게 된다
- 문아명자삼악도 聞我名者免三道
- 견아형자득해탈 見我形者得解脫

제도의 방법

- 삿됨이 오면 바름으로 제도하고
- 미혹함이 오면 깨침으로 제도하고,
- 어리석음이 오면 지혜로 제도하고
- 악함이 오면 착함으로 제도하며
- 번뇌가 오면 보리로 제도하며,
- 이렇게 제도함을 진실한 제도라고 하는 것이다.

사홍서원

- 무량한 번뇌를 맹세코 다 끊는다 함은 자기의 마음에 있는 허망함을 제거하는 것이다.
- 무량한 법문을 맹세코 다 배운다 함은 위없는 바른 법을 배우는 것이다.
- 위없는 불도(佛道)를 맹세코 이룬다 함은 항상 마음을 낮추는 행동으로 일체를 공경하며 미혹한 집착을 멀리 여의고, 깨달아 반야가 생겨 미망함을 없애는 것이다.
- 곧 스스로 깨쳐 불도를 이루어 맹세코 바라는 힘[誓願力]을 행하는 것이다.

11. 참회(懺悔)

- 선지식들아, 과거의 생각과 미래의 생각과 현재의 생각이 생각마다 우치와 미혹에 물들지 않고, 지난날의 나쁜 행동을 일시에 영원히 끊어서 자기의 성품에서 없애버리면 이것이 곧 참회인 것이다.
- 과거의 생각과 미래의 생각과 현재의 생각이 생각마다 어리석음에 물들지 않고 지난날의 거짓과 속이는 마음을 없애도록 하라. 영원히 끊음을 이름 하여 자성의 참회라고 한다.

십악참회(신구의)(사참)

- (신3) 살생중죄금일참회 殺生重罪今日懺悔
- 투도중죄금일참회 偸盜重罪今日懺悔
- 사음중죄금일참회 邪淫重罪今日懺悔
- (구4) 망어중죄금일참회 妄語重罪今日懺悔
- 기어중죄금일참회 綺語重罪今日懺悔
- 양설중죄금일참회 兩舌重罪今日懺悔
- 악구중죄금일참회 惡口重罪今日懺悔
- (의3) 탐애중죄금일참회 貪愛重罪今日懺悔
- 진에중죄금일참회 瞋恚重罪今日懺悔
- 치암중죄금일참회 痴暗重罪今日懺悔

근본참회(이참)

- 죄와업은 자성없어 마음따라 일어난것
- 마음한번 쉬고나면 죄업또한 사라지네.
- 죄와마음 없어져서 둘이함께 공해지면
- 이것들을 이름하여 참참회라 이름하네.
- 罪無自性從心起 心若滅時罪亦亡
- 罪亡心滅兩俱空 是則名爲眞懺悔

3조 승찬

- 3조 승찬이 2조 혜가에게 묻다.
- "스님 저는 항상 죄스러운 마음을 지니고 삽니다. 이 죄스러운 마음만 없으면 편히 살겠는데 어떻게 하면 죄스러운 마음이 없어지겠습니까?"
- 승찬의 "심신명"

참회

- 과거의 생각, 미래의 생각과 현재의 생각이 생각마다 질투에 물들지 않아서 지난날의 질투하는 마음도 없애도록 하라. 자기의 성품에서 만약 없애버리면 이것이 곧 참회 인 것이다.
- 참(懺)이라고 하는 것은 종신토록 잘못을 짓지 않는 것이며, 회(悔)라고 하는 것은 과거의 잘못을 아는 것이다.
- 나쁜 죄업을 항상 마음에서 버리지 않으면 모든 부처님 앞에서 입으로 말하여도 이익이 없다.
- 나의 이 법문 가운데는 영원히 끊어서 짓지 않음을 이름 하여 참회라 한다.

깨어있음으로 행복한
해탈과 편안으로 뛰어난 삶으로 이끄는
육조단경 강의(16강)

정명 김 성 규

통섭불교원

12. 삼귀의(三歸依)

- 무상삼귀의계(無相三歸依戒 : 모양 없는 삼귀의계)
- 깨달음의 양족존께 귀의하며,
- 올바름의 이욕존께 귀의하며,
- 깨끗함의 중중존께 귀의합니다.

- 歸依覺兩足尊, 귀의불(부처님)
- 歸依正離欲尊, 귀의법(교리)
- 歸依淨衆中尊, 귀의승(승가)

자성삼보

- 지금 이후로는 부처님을 스승으로 삼고 다시는 삿되고 미혹한 외도에게 귀의하지 않겠으며, 바라건대 자성의 삼보께서는 자비로써 증명하소서.
- 선지식들아, 혜능이 선지식들에게 권하여 자성의 삼보에게 귀의하게 하니,
- 부처란 깨달음이며,
- 법이란 올바름이며
- 승이란 깨끗함이다.

삼보의 확장, 세계화

- 삼보에 대한 혁명적인 생각
- 불(부처님), 법(부처님의 가르침), 승(부처가 되고자 수행하는 수행자 집단)

- ----> 깨달음(覺), 올바름(正), 깨끗함(淨)

양족존

- 자기의 마음이 깨달음에 귀의하여 삿되고 미혹이 나지 않고 적은 욕심으로 넉넉한 줄을 알아, 재물을 떠나고 색을 떠나는 것을 양족존이라고 한다.

이욕존

- 자기의 마음이 바름으로 돌아가 생각마다 삿되지 않으므로 곧 애착이 없으며, 애착이 없는 것을 이욕존이라고 한다.

중중존

- 자기의 마음이 깨끗함으로 돌아가 모든 번뇌와 망념이 비록 자성에 있어도 자성이 그것에 물들지 않는 것을 중중존이라고 한다.

자기 성품에 귀의 함

- 만약 부처를 보지 못 한다면 귀의할 곳이 없는 것이다. 이미 귀의할 곳이 없으면 그 말이란 도리어 허망한 것이 될 뿐이다.
- 선지식들아, 각각 스스로 관찰하여 그릇되게 마음을 쓰지 말라.
- 경의 말씀 가운데 '오직 스스로의 부처님께 귀의한다' 하였고 다른 부처에게 귀의한다고 말하지 않았으니, 자기의 성품에 귀의하지 않으면 돌아갈 곳이 없는 것이다.

13. 성 공 (性 空)

- 지금 이미 삼보에게 스스로 귀의하여 모두 지극한 마음일 것이니 선지식들을 위하여 마하반야바라밀법을 설할 것이다.

- 선지식들아, 비록 마하반야바라밀법을 생각하지만 알지 못하므로 혜능이 설명하여 줄 것이니 잘 들어라.

13. 성 공 (性 空)

- Maha Prajna Paramita 란 서쪽 나라의 범어이다.
- 당나라 말로는 '마하반야바라밀'이며, '큰 지혜로 저 언덕에 이른다.' 는 뜻이다.
- 이 법은 모름지기 실행하는 것이며 입으로 외우는 데 있지 않다. 입으로 외우고 실행하지 않으면 꼭두각시와 같고 허깨비와 같으나, 닦고 행하는 이는 법신과 부처와 같다.

마하 Maha

- 마하란 큰 것이다. 마음의 한량이 넓고 커서 허공과 같으나 빈 마음으로 앉아 있지 말라. 곧 무기공이 떨어지느니라.
- 허공은 능히 일월성신과 대지산하와 모든 초목과 악한 사람과 착한 사람과 악한 법과 착한 법과 천당과 지옥을 그 안에 다 포함하고 있다.
- 세상 사람의 자성이 빈 것도 또한 이와 같으니라.

대방광 大方廣

- 대大 --- 크다, 心之體, 마음의 덩어리,
- 방方 --- 心之相, 마음의 모양,
- 광廣 --- 넓다, 心之用, 마음의 작용,
- 불佛 --- 心之果, 깨달음에 이른 결과

마하 Maha

- 자성이 만법을 포함하는 것이 곧 큰 것이며 만법 모두가 다 자성인 것이다.
- 모든 사람과 사람 아닌 것과 악함과 착함과 악한 법과 착한 법을 보되, 모두 다 버리지도 않고 그에 물들지도 아니하여 마치 허공과 같으므로 크다고 하나니, 이것이 큰 실행이니라.
- 미혹한 사람은 입으로 외우고 지혜 있는 이는 마음으로 행하느니라. 또 미혹한 사람은 마음을 비워 생각하지 않는 것을 크다고 하나, 이도 또한 옳지 않느니라.

14. 반 야 (般若)

- 반야Prajna는 지혜이다. 모든 때에 있어서 생각마다 어리석지 않고 항상 지혜를 행하는 것을 곧 반야행 이라고 하느니라.
- 한 생각이 어리석으면 곧 반야가 끊기고, 한 생각이 지혜로우면 곧 반야가 나거늘, 마음속은 항상 어리석으면서 '나는 닦는다'고 스스로 말하느니라.
- 반야는 형상이 없나니, 지혜의 성품이 바로 그것이니라.

반야

- 실상반야, 관조반야, 방편반야
- 실상반야는 지혜를 터득했을 때 나에게 비치는 제법의 실상, 즉 진리 자체인 법신을 말한다.
- 관조반야는 지혜를 터득한 상태에서 어떤 현상을 깊이 관찰하는 것으로 보신을 가리킨다.
- 방편반야는 터득한 지혜를 현실에 적용시켜 중생들의 고통을 없애주는 구체적인 지혜로 화신을 나타낸다.

반야와 분별

- 반야 --- 평등
- 분별 --- 차별

- 직관과 학습

반야직관

'들어 보십시오. 불법의 골수를 물었는데 세 번 다 두들겨 맞기만 했습니다. 제가 무슨 잘못이 있습니까? 아무리 생각해도 이해가 안가는 일입니다.'
임제의 푸념을 가만히 듣고 있던 대우는 임제를 보며 고함치듯 큰 소리로 말했다.
'황벽이 너를 위해 그토록 간절히 불법을 일러 주었는데? 아무 잘못도 없는데 황벽이 너를 때렸다고. 여기까지 와서 허물이 있고 없고를 묻느냐?'
임제는 이 말을 듣고 홀연히 깨달았다. 그리고는 저도 모르게 말했다.
'황벽의 불법도 별게 아니로군.'
임제의 이 말에 대우는 멱살을 움켜잡고 말했다.
'이런 오줌싸개 같은 놈, 조금 전에는 허물이 있느니 없느니 하더니, 이제 와서는 다시 황벽의 불법이 별것 아니라고 말하는데, 그래 너는 무슨 도리를 보았느냐? 빨리 말해라, 빨리 말해!'
임제는 아무 말도 하지 않고 대우의 옆구리를 세번 쿡쿡 찔렀다.

깨어있음으로 행복한

해탈과 편안으로 뛰어난 삶으로 이끄는

육조단경 강의(17강)

정명 김 성 규

통섭불교원

하루 일당
13,000원

14. 반야 (般若)

- 반야Prajna는 지혜이다. 모든 때에 있어서 생각마다 어리석지 않고 항상 지혜를 행하는 것을 곧 반야행 이라고 하느니라.
- 한 생각이 어리석으면 곧 반야가 끊기고, 한 생각이 지혜로우면 곧 반야가 나거늘, 마음속은 항상 어리석으면서 '나는 닦는다'고 스스로 말하느니라.
- 반야는 형상이 없나니, 지혜의 성품이 바로 그것이니라.

반야

- 실상반야, 관조반야, 방편반야
- 실상반야는 지혜를 터득했을 때 나에게 비치는 제법의 실상, 즉 진리 자체인 법신을 말한다.
- 관조반야는 지혜를 터득한 상태에서 어떤 현상을 깊이 관찰하는 것으로 보신을 가리킨다.
- 방편반야는 터득한 지혜를 현실에 적용시켜 중생들의 고통을 없애주는 구체적인 지혜로 화신을 나타낸다.

반야와 분별

- 반야 --- 평등
- 분별 --- 차별

- 직관과 학습

- 임제선사의 깨달음에 대하여

[법을 이은 선맥도(禪脈圖) 계보도]

반야직관

고우 왈:
'황벽이 너를 위해 그토록 간절히 불법을 일러 주었는데? 아무 잘못도 없는데 황벽이 너를 때렸다고. 여기까지 와서 허물이 있고 없고를 묻느냐?'
임제는 이 말을 듣고 홀연히 깨달았다. 그리고는 저도 모르게 말했다.
'황벽의 불법도 별게 아니로군.'
임제의 이 말에 대우는 멱살을 움켜잡고 말했다.
'이런 오줌싸개 같은 놈, 조금 전에는 허물이 있느니 없느니 하더니, 이제 와서는 다시 황벽의 불법이 별것 아니라고 말하는데, 그래 너는 무슨 도리를 보았느냐? 빨리 말해라, 빨리 말해!'
임제는 아무 말도 하지 않고 대우의 옆구리를 세번 쿡쿡 찔렀다.

반야직관

깨달음에 이르는 길은 고무풍선을 부는 원리와 같다. 몇번 불고나면 풍선이 어느 정도 커진다. 커질만큼 커져 최대의 크기가 되었을때는 한번만 더 불면 풍선은 터져버린다.
황벽이 임제에게 따귀를 때리고, 또 때리고 또 때린 것은 풍선을 최대의 크기로 불어 건드리기만 하면 터지도록 하는 것과 같은 작업이다. 임제로 하여금 '불법이란 무엇일까?' 하는 생각 하나만으로 꽉 차버리도록 만들었던 것이다. 임제가 황벽에게 맞았던 것을 푸념하는 순간 임제는 황벽에게 뺨을 한대 더 맞았던 것이다. 그 순간 최대로 크진 풍선에 한번만 더 불면 터지는 것처럼, 내면에 쌓여있던 <참나>가 거짓의 나를 깨뜨리고 모습을 드러낸 것이다.

임제와 황벽

임제는 곧장 황벽에게로 돌아갔다.
'이놈, 어디를 그렇게 왔다갔다 하느냐. 불법의 골수는 커녕 개똥도 모를 거다.'
'오직 스승님의 간절하신 노파심 때문입니다.'
'이 수다스런 대우 놈, 오기만 해 봐라. 내 당장 묵사발 내리라.' 이에 임제가 말했다.
'오도록 기다릴 거 뭐 있습니까. 지금 당장 묵사발 내십시오.'
말을 끝내자 마자 전번의 보복처럼 임제는 황벽의 뺨을 힘껏 쳤다. 그러자 황벽이 말했다.
'이런 미친 놈 보았나, 감히 범의 수염을 잡다니!'
황벽의 말이 채 끝나기도 전에 임제의 악! 하는 벼락치는 듯한 고함소리가 황벽의 귀를 찢었다.

임제

'도를 이루려고 몸부림치는 수행자들이여! 우리가 가족을 버리고 출가한 것은 진리를 깨치기 위해서였다.
나의 경우를 한번 살펴보자. 처음에 나는 엄격한 계율이 전부인 줄 알고 계율 지키기에만 전념하였고, 또한 경전과 그 주석서들을 열심히 뒤적이면서 그 속에서 진리를 찾으려고 무척 애를 썼다. 그러다 훗날에야 나는 모든 계율과 종교의식, 경전들은 병자를 고치는 약 처방전처럼 단지 속세의 중생들을 구제하기 위한 방편에 불과하다는 것을 깨달았다.
그래서 결국 나는 그 방편들을 모두 다 던져버리고 직접 진리와 맞부딪쳤다. 다행히 나는 위대한 선지식들을 많이 만나게 되었다. 비로소 눈이 뜨였고, 스승들이 깨달은 바를 이해하여 쉽게 참과 거짓을 분간할 수 있게 되었다.

무위진인

태어날 때부터 현명하고 깨우친 자는 없다.
진정한 깨달음을 얻고자 염원하는 사람은 누구나 끝없이 공부해야 하고 철저한 수행과 숱한 체험을 거치지 않으면 안 된다.
그런 연후에야 비로소 깨달음이 열리는 것이다.

무위진인

도를 구하는 수행자들이여, 만일 그대들이 구도자로서 진정한 통찰을 얻고자 한다면 절대로 외부의 것, 다른 사람들에게 현혹되지 말아야 한다. 언제 어디서나 바른 깨달음을 흐리게 하는 사람을 만나거든 그가 누구든지 간에 한시 바삐 그에게서 떠나라. 부처를 만나면 부처를 죽이고, 조사를 만나면 조사를 죽이고, 나한을 만나면 나한을 죽이고, 그가 부모일지라도 부모를 만나면 부모를 죽이고, 친척권속이라해도 죽여라.
그래야만 비로소 최상의 자유인 대해탈을 이룰 수 있다. 그때 비로소 그대는 아무것도에 구애받지 않고 완전히 자유로운 인간이 되는 것이다.'

주인과 손님

- 내가 보니 너희들은 나의 할을 무턱대고 모방하고 있는데, 어디 한번 시험해 보자. 한 사람은 동쪽에서 걸어오고 있고 다른 한 사람은 서쪽에서 걸어 오고 있다.
  서로 마주치는 순간
- 두 사람은 동시에 할을 했다.

- 이때 누가 주인이고 누가 손님이겠느냐?

임제에게 깨달음은?

임제에게 이 세상은 있는 그대로가 모두 독창적이었다. 그러나 억지로 있는 그대로인 체하고 억지로 독창적이려 한다면 진짜 독창성은 사라지고 본래 면목을 잃고 만다. 전체 속에 포함되어 있는 개별적인 독창성을 이해한다면 가장 귀한 보물인 본래 면목의 <차별없는 참사람>은 바로 자신 안에서 울려 나오는 공명일 뿐이다. 그러므로 그것을 밖에서 찾으려고 한다면 수 천년을 헤매도 찾을수 없다. 중요한 인식은 그대 자신이기 때문에 자기 속안에서 조차 그것을 찾을 필요가 없다. 왜냐하면 그것은 찾아져야 할 대상이 아니라 인식되어져야 할 대상이기 때문이다.

할!

- 사료간(四料簡)
  객체를 버리고 주체를 남겨 두는 경우와,
  주체를 버리고 객체를 남겨 두는 경우와,
  주체와 객체를 다 버리는 경우와,
  반대로 주체와 객체를 모두 남겨 두는 경우가 있다.

주체를 버리고 객체를 남겨 두는 경우

- 둘째 단계의 사람은 산을 산으로 보고 강을 강으로 볼만큼 내면이 익은 정상적인 눈을 갖고 있다.
- 그러나 대상을 대상으로 인식하는 데에는 우리의 미세한 마음 작용이 일어났다는 것을 깨달아야 한다. 상대방의 입장에 서서 상대방을 이해하는 것으로 그쳐서는 안된다.
- 이때는 산을 보아도 이미 산이 아니며 강을 보아도 이미 강이 아니다.

임제 왈

수행자들이여! 내가 밖에 법이 없다고 말하면 공부하는 이들은 알아듣지 못하고 안에서 찾을려고 생각을 내어 윗 잇몸에 혀를 찰싹 붙이고 꼼작하지 않고 그냥 앉아만 있다. 그리고 이것을 조사문중의 불법이라 여기는데 정말 잘못된 생각이다. 만약 움직이지 않는 청정한 경계를 옳다고 여긴다면, 무명을 주인으로 잘못 아는 것이다. 옛 스승들이 이르기를 <답답하고 캄캄한 깊은 구덩이가 참으로 두렵도다> 라고 하였으니 이것을 두고 한 말임을 명심하여라.

주체와 객체를 다 버리는 경우

- 셋째 단계의 사람은 주관과 객관의 혼연일체로 공명을 일으켜 무엇을 보든지, 무엇을 하든지 조화를 이루어 거슬리는 것이 없다.
- 한번은 용아가 찾아와 임제에게 물었다.
- '무엇이 조사께서 서역으로부터 오신 뜻입니까?'
- '나에게 선판(좌선할 때 몸을 기대는데 쓰는 판자)을 갖다 주게.'
- =➔ 조사의 뜻은 없다.

주체와 객체를 모두 남겨 두는 경우

- 마지막 단계의 사람은 자신이 <참 나>와 하나라는 사실을 깊이 인식하고 있으며, 또한 주체와 객체가 다 허물어져 버리고 다시 새롭게 재구성 되어진다.
- 여기서는 현상계로 돌아와 산을 보더라도 다시 산이고 강을 보더라도 다시 강인 것이다.
- 산의 정상에 머물지 않고 슬쩍이 다시 산 밑으로 내려와 세상과 계합하는 것이다.

무위진인

- 임제가 말한 <차별없는 참사람>이며, 이 경지에서는 집을 떠나지 않고서도 세상 어디든지 갈 수 있는 것이다. 임제의 참사람은 불에 들어가도 타지 않으며, 물에 들어가도 빠져 죽지 않는다고 말했다.
- 영원불멸의 참사람은 무상한 변화 속에 있으면서도 무상하지 않고, 나라고 하는 영원한 실체가 없는 육신 속에 있으면서도 나가 없지 않는 것이다.

무위진인

- 펼치면 우주 만물을 덮고, 접으면 터럭 하나도 그 위에 서지 못한다. 홀로 밝히는 빛이지만 온 우주를 비추고도 부족함이 없다. 눈에도 안 보이고 귀에도 안 들리니, 이를 무엇이라 이름하겠는가?
- <설사 한 물건이라 해도 맞지 않는다.>는 옛 스승의 말 그대로다.
- 그러니 어찌하겠느냐. 스스로 들여다 보는 수밖에.

진정한 구도자는 부처도, 보살도, 나한도, 나아가 과거, 현재, 미래에서의 어떠한 영광도 취하지 않는다. 그는 의연히 이 속세를 초탈하여 절대적인 자유를 누리기에 그 어떤 것에도 얽매이지 않는다. 천지가 무너져도 그의 믿음은 흔들리지 않는다. 천지사방에 부처가 나타나도 그는 조금도 동요하지 않는다. 또 지옥에서 온갖 귀신들이 뛰쳐나오더라도 조금도 두려워하지 않는다. 어떻게 해서 그는 이렇게 태연자약할 수 있을까. 그것은 그가 세상의 모든 실체를 이루고 있는 공의 원리를 알았기 때문이다. 그것들은 변화하는 것에 홀려있는 눈에는 실체로 보이지만, 껍데기의 변화에 흔들리지 않는 지혜의 눈에는 이미 실체가 아니라 단지 관계일 뿐인 것이다.
과거, 현재, 미래는 다만 마음의 작용이고, 세상 만물도 다 알음알이에서 일어난 것이다. 그러므로 꿈이나 환상, 허공에 핀 한 송이 꽃에 집착하여 무엇 하겠는가.
오직 실제하는 단 한 사람은 <바로 지금 행위하고 있는 자신일 뿐이다>.

바라밀

- 어떤 것을 Paramita 바라밀이라고 하는가?
- 이는 서쪽 나라의 범음으로서 '저 언덕에 이른다'는 뜻이니라. 뜻을 알면 생멸을 떠난다.
- 경계에 집착하면 생멸이 일어나서 물에 파랑이 있음과 같나니, 이는 곧 이 언덕이요,
- 경계를 떠나면 생멸이 없어서 물이 끊이지 않고 항상 흐름과 같나니, 곧 저 언덕에 이른다고 이름하며, 그러므로 바라밀이라고 이름 하느니라.

바리밀

- 미혹한 사람은 입으로 외우고 지혜로운 이는 마음으로 행한다. 생각할 때 망상이 있으면 그 망상이 있는 것은 곧 진실로 있는 것이 아니다. 생각 생각마다 행한다면 이것을 진실이 있다고 하느니라.
- 이 법을 깨친 이는 반야의 법을 깨친 것이며 반야의 행을 닦는 것이다. 닦지 않으면 곧 범부요 한 생각 수행하면 법신과 부처와 같으니라.
- 선지식들아, 번뇌가 곧 보리니, 앞생각을 붙잡아 미혹하면 곧 범부요, 뒷생각에 깨달으면 곧 부처니라.

마하반야바라밀

- 선지식들아, 마하반야바라밀은 가장 높고 가장 으뜸이며 제일이라, 머무름도 없고 가고 옴도 없다.
- 삼세의 모든 부처님이 다 이 가운데 로부터 나와 큰 지혜로써 저 언덕에 이르러 오음의 번뇌와 진로를 쳐부수나니, 가장 높고 가장 으뜸이며 제일이니라.

마하반야바라밀

- 고지반야바라밀다
- 시대신주 ---- 성문의 깨달음
- 시대명주 ---- 연각의 깨달음
- 시무상주 ---- 보살의 깨달음
- 시무등등주 ---- 부처의 깨달음의 증명
- **능제일체고 진실불허**
- 故知般若波羅密多 是大神呪 是大明呪 是無上呪 是無等等呪 能除一切苦 眞實不虛

최상승법

- 가장 으뜸임을 찬탄하여 최상승법을 수행하면 결정코 성불하여, 감도 없고 머무름도 없으며 내왕 또한 없나니,
- 이는 정과 혜가 함께 하여 일체법에 물들지 않음이라, 삼세의 모든 부처님이 이 가운데서 삼독을 변하게 하여 계·정·혜로 삼느니라.

혜능의 법문

- 선지식들아, 나의 이 법문은 팔만 사천의 지혜를 쫓느니라.
- 무엇 때문인가? 세상에 팔만 사천의 진로가 있기 때문이다. 만약 진로가 없으면 반야가 항상 있어서 자성을 떠나지 않느니라.
- 이 법을 깨친이는 곧 무념이니라.
- 기억과 집착이 없어서 거짓되고 허망함을 일으키지 않나니 이것이 곧 진여의 성품이다.
- 지혜로써 보고 비추어 모든 법을 취하지도 아니하고 버리지도 않나니, 곧 자성을 보아 부처님 도를 이루느니라."

팔만사천의 번뇌

- 백팔번뇌
- 수와 식에서
- 호(좋음)와 오(나쁨) X
- 고(고통), 락(즐거움), 사(X) = 6
- 안이비설신의 X = 36
- 과거, 현재, 미래 X = 108

- 108번뇌가 세분되어,

깨어있음으로 행복한
해탈과 편안으로 뛰어난 삶으로 이끄는
육조단경 강의(18강)

정명 김 성 규

통섭불교원

팔만사천의 번뇌

- 백팔번뇌
- 수와 식에서
- 호(좋음)와 오(나쁨) X
- 고(고통), 락(즐거움), 사(X) = 6
- 안이비설신의 X = 36
- 과거, 현재, 미래 X = 108

- 108번뇌가 세분되어,

15. 근기 根機

- 선지식들아, 만약 매우 깊은 법의 세계에 들고자 하고
- 반야삼매에 들고자 하는 사람은 바르게 반야바라밀의 행을 닦을 것이며 오로지 「금강반야바라밀경」한 권만 지니고 읽으면 곧 자성을 보아 반야삼매에 들어가느니라.
- 이 사람의 공덕이 한량없음을 마땅히 알아야 한다. 경에서 분명히 찬탄하였으니, 능히 다 갖추어 설명하지 못하리라.

육조단경의 근간

- 마하반야바라밀
- 결국 궁극의 깨달음이다

- =➔ 금강반야바라밀경

금강경

- 제10분 정토장엄분
- 응여시생청정심應如是生淸淨心 불응주색생심不應主色生心 불응주성향미촉법생심不應主聲香味觸法生心
- ====> 응무소주應無所住 이생기심而生基心

5위 100법

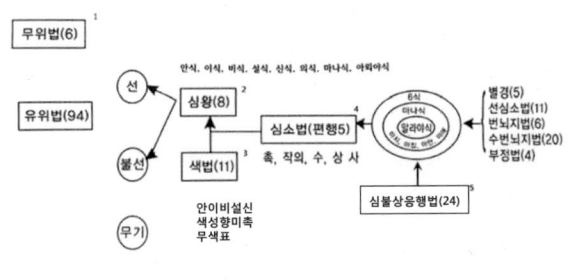

금강경의 결론

- **일체유위법**一切有爲法
- **여몽환포영**如夢幻泡影
- **여로역여전**如露亦如電
- **응작여시관**應作如是觀
- 일체의 인연 따라 이루어졌다 없어지는 모든 현상은
- 꿈이며 환상이며 물거품이며 그림자이며
- 이슬과 같고 번개와 같나니
- 마땅히 이와 같이 볼지니라.

공덕 쌓는 방법(24분)

어떤 사람

물질적 보시 :
끝없이 넓은 우주에 가득 찬 보물을 다른 사람에게 나누어주는 것

보살이 되려고 마음을 낸 자

정신적 보시 :
이 경전에 나오는 한 문장만이라도 읽고 외워 깨달아 다른 사람에게 말해주는 것

공덕 쌓는 방법(28분)

보살이 되려고 마음을 낸 자

물질적 보시 :
끝없이 넓은 우주에 가득 찬 보물을 다른 사람에게 나누어주는 것

보살

정신적 보시 :
"모든 형상있는 것에는 나라는 실체가 없으며 생기는 것도 아니다"라는 것을 깨달아 아는 것

공덕 쌓는 방법(31분)

보살

물질적 보시 :
끝없이 넓은 우주에 가득 찬 보물을 다른 사람에게 나누어주는 것

< <

보살이 되려고 마음을 낸 자

정신적 보시 :
"지혜의 완성"이라는 법문을 깨달아 아는 것

즉비卽非의 논리

- 如來所說身相 卽非身相
- 所言善法者如來說 卽非善法 是名善法
- 여래가 말한 착한 법은 착한 법이 아니라 이름이 착한 법이다.

- ----→ 32분에서 즉비卽非가 36군데 있음

23분 정심선행분

- 所言善法者如來說 卽非善法 是名善法
- 선법이라고 말하지만 그것은 여래에 의해 선법이 아니라고 말해졌다.

- =→ 선법이라고 말하지만 그것은 선법이 아니라고 여래께서 말씀하셨다.
- 그래서 선법이라 해서는 안되는 것이다.
- 왜냐하면 선법의 실상을 말로 표현할 수가 없기 때문이다.
- 그렇지만 그냥 선법이라고 말하는 것이다.

23분 정심선행분

- =➔ 선법이라고 말하지만 그것은 선법이 아니라고 여래께서 말씀하셨다. 그래서 선법이라 해서는 안되지만, 선법의 실상을 말로 표현할 수가 없으므로 그냥 선법이라고 말하는 것이다.

최상승법

- 이것은 최상승법으로서 큰 지혜와 높은 근기의 사람을 위하여 설한 것이다. 만약 근기가 약하고 지혜가 작은 사람이 이 법을 들으면 마음에 믿음이 나지 않는다. 무엇 때문인가?
- 비유하면 마치 용이 큰 비를 내리는 것과 같다. 염부제에 비가 내릴 때 육지에 내리면 풀잎이 떠다니듯 하고, 바다에 내리면 붇지도 않고 줄지도 않는 것과 같으니라.

문자를 떠나

- 대승의 사람은 「금강경」설하는 것을 들으면 마음이 열려 깨치고 안다.
- 그러므로 본래 성품이 스스로 반야의 지혜를 지니고 있어서 스스로 지혜로써 보고 비추어서 문자를 빌리지 않음을 알라.

반야의 지혜

- 비유컨대, 그 빗물이 하늘에 있는 것이 아님과 같다. 원래 용왕이 강과 바다 가운데서 이 물을 몸으로 이끌어 모든 중생과 모든 초목과 모든 유정·무정을 다 윤택하게 한다.
- 그 모든 물의 흐름이 다시 바다에 들어가고 바다는 모든 물을 받아 들여 한 몸으로 합쳐지는 것과 같나니, 중생의 본래 성품인 반야의 지혜도 또한 이와 같으니라.

근기

- 근기가 작은 사람은 단박에 깨치는 이 가르침을 들으면, 마치 근성이 작은 대지의 초목이 큰 비를 맞고 모두 다 저절로 거꾸러져서 자라지 못함과 같나니, 작은 근기의 사람도 또한 이와 같으니라.
- 반야의 지혜가 있는 점은 큰 지혜를 가진 사람과 또한 차별이 없거늘, 무슨 까닭으로 법을 듣고도 곧 깨치지 못하는가?

번뇌망상

- 삿된 소견의 장애가 무겁고 번뇌의 뿌리가 깊기 때문이다. 마치 큰 구름이 해를 가려, 바람이 불지 않으면 해가 능히 나타나지 못하는 것과 같다.
- 반야의 지혜도 또한 크고 작음이 없으나 모든 중생이 스스로 미혹한 마음이 있어서 밖으로 닦아 부처를 찾으므로 자기의 성품을 깨닫지 못하느니라.

하나

- 근기가 작은 사람일지라도 단박에 깨치는 가르침을 듣고 밖으로 닦는 것을 믿지 아니하고, 오직 자기의 마음에서 자기의 본성으로 하여금 항상 바른 견해를 일으키면 번뇌·진로의 중생이 모두 다 당장에 깨치느니라.
- 마치 큰 바다가 모든 물의 흐름을 받아들여서 작은 물과 큰 물이 합하여 한 몸이 되는 것과 같으니라.

반야바라밀

- 자성을 보면
- 안팎에 머물지 아니하며 오고감에 자유로워 집착하는 마음을 능히 없애어 통달하여 거리낌이 없나니,
- 마음으로 이 행을 닦으면 곧「반야바라밀경」과 더불어 본래 차별이 없느니라.

깨어있음으로 행복한

해탈과 편안으로 뛰어난 삶으로 이끄는

육조단경 강의(19강)

정명 김 성 규

통섭불교원

출가재일

- 탄신일   4월 8일
- 출가재일 2월 8일
- 성도재일 12월 8일
- 열반재일 2월 15일

16. 견 성(見 性)

- 모든 경서 및 문자와 소승과 대승과 십이부의 경전이 다 사람으로 말미암아 있게 되었나니, 지혜의 성품에 연유한 까닭으로 능히 세운 것이니라.
- 만약 내[我]가 없다면 지혜 있는 사람과 모든 만법이 본래 없는 것이다. 그러므로 만법이 본래 사람으로 말미암아 일어난 것이요, 일체 경서가 사람으로 말미암아 '있음'을 말한 것임을 알아야 하느니라.

견성

- 분별혹과 구생혹
- 묶은 떼가 낀 냄비
-
- 혜능의 견성?
- 금강경 읽는 소리를 듣고
- 홍인의 법문에서
   --- 14년의 보림이 없다면

견성 순간

- 남악회양
- 향엄지한

- 경허
- 만공 --- 수덕사 (종치는 소리에)
- 수월 --- 만주
- 혜월 --- 영남지방

수월스님(1855년 -)

- 천수경의 다라니로 깨침.

- 도를 닦는 것이 무엇인고 허니, 마음을 모으는 거여. 별거 아녀. 이리 모르아 저리 모으나 무얼 혀서든지 마음만 모으면 되는 겨. 워째거나 아무리 생각을 안하려고 혀도 생각을 안할 수 없을 맨큼 해야 되는 겨.

혜월스님(1862년 – 1937년)

- 차별없는 참사람을 참구
- 짚신을 치디가 깨침
- 경허를 찾아감.
- "스님, 관음보살이 북으로 향한 뜻이 무슨 뜻입니까?"
- "그것 말고 또"
- 잠시 후 눈을 뜨고 밖을 보니 혜월스님이 주먹 쥔 손을 들고 서 있었다.

혜월스님의 샘

- 논 개간을 하면서 수행정진
- 마을 사람들이 논을 팔아라고 찾아 옴
- 논 세 마지기를 마을 사람에게 팜.
- 두 마지기 값 밖에 안되는 논값을 받고
- 우리 스님 또 속았다고, 제자들이 불평
- 스님의 샘법

견성 순간

- 한암
- 탄허 --- 월정사
- 보문

- 전강
- 경봉
- 효봉
- 해산

(수도암에서) 하룻밤을 묵고 나서 (다음 날) 경허화상을 따라 합천 해인사로 가는 도중에 (문득 화상께서) 나에게 물으셨다.
"고인(古人)이 이르기를 '사람이 다리 위를 지나가네. 다리가 흐르고 물은 흐르지 않네.' 이것이 무슨 뜻인지 아는가?"
"물은 진(眞)이요, 다리는 망(妄)입니다. 망(妄)은 흘러도 진(眞)은 흐르지 않습니다."
경허화상께서 말씀하셨다.
"이치로 보면 참으로 그렇지만, 그러나 물은 밤낮으로 흘러도 흐르지 않는 이치가 있고 다리는 밤낮으로 서 있어도 서 있지 않는 이치가 있는 것이네."
내가 다시 여쭈었다.
"일체 만물은 다 시작과 끝, 본(本)과 말(末)이 있습니다. 그러나 우리의 이 본래 마음은 탁 트여서 시종(始終)과 본말(本末)이 없습니다. 그 이치가 결국은 어떠한 것입니까?"

경허화상께서 답하셨다.
"그것이 바로 원각경계(圓覺境界)이네. 『경(經)』에 이르기를 '사유심(思惟心)'으로 여래(如來)의 원각경계를 헤아리고자 한다면 그것은 마치 반딧불로써 수미산을 태우려고 하는 것과 같아서 끝내는 태울 수 없다'고 하였네."
내가 또 여쭈었다.
"그렇다면 어떻게 해야만 (여래의 원각경계로) 들어갈 수(깨달을 수) 있습니까"
"화두를 들어서 계속 참구해 가면 끝내는 (원각경계로) 들어갈 수(깨달을 수) 있게 되는 것이네."
"만약 화두도 망(妄)이라는 사실을 알았다면 어떻게 해야 합니까?"
"화두도 망(妄)이라는 사실을 알았다면 그것은 곧 (화두 참구가) 잘못된 것(失脚)이므로 그 자리에서 즉시 '무(無)'자 화두를 참구하게."

한암 스님은 보조 지눌의 『수심결』을 읽다가 교학에서 선으로 전향했고, 발심한 이후 모두 4차에 걸친 오도 과정을 체험했다.
1. 청암사 수도암에서 경허 스님이 설한 『금강경』의 경구를 듣고서 처음으로 개오(開悟)를 경험했으며
2. 통도사 백운암에서 수도하던 중 입선을 알리는 죽비 소리를 듣고 또 다시 크게 깨달았다.
3. 해인사에서 하안거를 지낸 뒤 『전등록』의 약산화상과 석두화상의 대화 중에 '한 물건도 작용하지 않는다'는 대목에서 또 한번 크게 깨달았고,
4. 나이 37세 되던 해인 1912년 우두암에서 겨울을 지내던 중 어느 날 부엌에서 아궁이에 불을 붙이다가 불연듯 확철대오를 경험했다.

봉암사 결사

"사시에 법당에서 부처님께 마지(공양)를 올리는데, 부처님은 어떻게 잡수십니까?"

성철스님은 "내가 이야기하면 곧이 듣겠느냐?"

당시 스님의 명법문이다.
"이곳이 충청북도이지요."
"네" "예로부터 충청도는 나라에 충성하는 고장이라고 합니다. 그런데 나라에 충성한 이는 누구입니까." "..."
"이곳이 보은군이지요."
"네" "예로부터 은혜에 보답하는 곳이라고 하지요. 그런데 불보살의 은혜에 보답한 이는 누구입니까." "..."
"이곳이 속리산면이지요."
"네" "예로부터 세속을 떠나 도를 닦는 곳이라고 하지요. 그런데 세속을 떠나 진심으로 출가한 이는 누구입니까."
"..."
"이곳이 법주사이지요."
"네" "예로부터 부처님의 가르침이 머무는 도량이라고 하지요. 그런데 과연 정법(正法)에 머문 이는 누구입니까."
"..."

海底燕巢鹿抱卵 (해저연소록포란)
火中蛛室魚煎茶 (화중주실어전다)
此家消息誰能識 (차가소식수능식)
白雲西飛月東走 (백운서비월동주)

바다 밑 제비집에 사슴이 알을 품고
불 속 거미집에 고기가 차를 달이네
이 집 소식 뉘라서 알꼬?
흰 구름 서로 날고 달은 동으로 달리네

오설일체법(吾說一切法)
도시조변무(都是早　拇)
약문금일사(若問今日事)
월인어천강(月印於千江)

지금까지 내가 한 말
모두가 군더더기
오늘 일을 묻는다면
달이 일천 강물에 비치네.

오도송

내가 나를 온갖 것에서 찾았는데
　　我是訪吾 物物頭

눈앞에 바로 주인공이 나타났네
　　目前卽見 主人樓

허허 이제 만나 의혹 없으니
　　呵呵逢着 無疑惑

우담바라 꽃의 빛이 온누리에 흐르는구나
　　優鉢本花光 法界流

"야반삼경에 대문 빗장을 만져봐라."

어리석음과 지혜

- 사람 가운데는 어리석은 이도 있고 지혜로운 이도 있기 때문에, 어리석으면 작은 사람이 되고 지혜로우면 큰 사람이 되느니라.
- 미혹한 사람은 지혜 있는 이에게 묻고 지혜 있는 사람은 어리석은 사람을 위하여 법을 설하여 어리석은 이로 하여금 깨쳐서 알아 마음이 열리게 한다. 미혹한 사람이 만약 깨쳐서 마음이 열리면 큰 지혜 가진 사람과 더불어 차별이 없느니라.

부처와 중생

- 깨치지 못하면 부처가 곧 중생이요, 한 생각 깨치면 중생이 곧 부처니라.
- 그러므로 알라, 모든 만법이 다 자기의 몸과 마음 가운데 있느니라. 그럼에도 어찌 자기의 마음을 좇아서 진여의 본성을 단박에 나타내지 못하는가?
- 「보살계경」에 말씀하기를 '나의 본래 근원인 자성이 청정하다'고 하였다. 마음을 알아 자성을 보면 스스로 부처의 도를 성취하나니, 당장 활연히 깨쳐서 본래의 마음을 찾느니라."

깨어있음으로 행복한

해탈과 편안으로 뛰어난 삶으로 이끄는

육조단경 강의(20강)

정명 김 성 규

통섭불교원

부처님의 열반

3개월 후 열반에 드실 것을 말씀하심
_차파라탑 앞에서
춘다가 올린 마지막 공양
_파파성에서
열반의 땅 쿠시나가라로
마지막 제자 수바드라
열반에 드시다

17. 돈 오(頓 悟)

- 선지식들아, 나는 오조 홍인화상의 회하에서 한 번 듣자 그 말끝에 크게 깨쳐 진여의 본래 성품을 단박에 보았느니라.
- 그러므로 이 가르침의 법을 뒷세상에 유행시켜 도를 배우는 이로 하여금 보리를 단박 깨쳐서 각기 스스로 마음을 보아 자기의 성품을 단박 깨치게 하는 것이다. 만약 능히 스스로 깨치지 못하는 이는 모름지기 큰 지식을 찾아서 지도를 받아 자성을 볼 것이니라.

선지식

- 어떤 것을 큰 선지식이라고 하는가? 최상승법이 바른 길을 곧게 가리키는 것임을 아는 것이 큰 선지식이며 큰 인연이다. 이는 이른바 교화하고 지도하여 부처를 보게 하는 것이니, 모든 착한 법이 다 선지식으로 말미암아 능히 일어나느니라.
- 그러므로 삼세의 모든 부처와 십이부의 경전들이 사람의 성품 가운데 본래부터 스스로 갖추어져 있다고 말할지라도, 능히 자성을 깨치지 못하면 모름지기 선지식의 지도를 받아서 자성을 볼지니라.

혜가(단비구법)

- 신광이라는 유학자가 소림굴을 찾아 옴
- "무엇을 구하러 왔느냐?"
- "불법을 구하어 왔습니다."
- "불법을 얻기 위해서는 경전에만 매여도 않되며, 한량없는 긴 세월동안 목숨바쳐 수행해야 한다."
- 신광은 자신의 왼팔을 잘라 의지를 증명함.
- 저녁부터 내리기 시작한 눈을 맞으며 그 자리에 그냥 있었다.

혜가

- "제 마음이 편치 않습니다. 마음을 편안케 해 주십시오."
"편치 않은 마음을 가져오너라. 그럼 내가 너의 마음을 편안케 해 주겠다."
혜가는 스승께 사실대로 말했다.
"아무리 찾아보아도 불안한 마음이 어디에 있는지 찾을 수가 없습니다."
"내가 너의 마음을 이미 편안케 해 주었다."

삼조승찬(안심법문)

- 승찬은 문둥병에 걸려 죽을 고생을 하다 이조혜가 대사를 찾아가
- " 저는 문둥병을 앓고 있사옵니다. 화상께서는 저의 죄를 참회케 하여주십시오."
- "그대는 죄를 가져 오노라. 죄를 참회시켜 주리라."
- "죄를 찾아보아도 찾을 수가 없습니다."
- "그렇다면 그대의 죄는 모두 참회되었느니라. 그대는 그저 불(佛), 법(法), 승(僧) 삼보(三寶)에 의지하여 안주하라."
- "지금 화상을 뵈옵고 승보(僧寶)는 알았으나 어떤 것을 불보(佛寶), 법보(法寶)라 합니까?"
- "마음을 깨치면 부처며, 깨친 마음의 내용이 법이니라. 법과 부처는 둘이 아니요, 승보도 또한 그러하니 그대는 알겠는가?"

마음속의 선지식

- 만약 스스로 깨친 이라면 밖으로 선지식에 의지하지 않는다.
- 밖으로 선지식을 구하여 해탈 얻기를 바란다면 옳지 않다. 자기 마음속의 선지식을 알면 곧 해탈을 얻느니라.
- 만약 자기의 마음이 삿되고 미혹하여 망념으로 전도되면 밖의 선지식이 가르쳐 준다 하여도 스스로 깨닫지 못할 것이니, 마땅히 반야의 관조를 일으키라. 잠깐 사이에 망념이 다 없어질 것이니 이것이 곧 자기의 참 선지식이라, 한 번 깨침에 곧 부처를 아느니라.

무념

- 자성의 마음자리가 지혜로써 관조하여 안 팎이 사무쳐 밝으면 자기의 본래 마음을 알고,
- 만약 본래 마음을 알면 이것이 곧 해탈이며,
- 이미 해탈을 얻으면 이것이 곧 반야삼매며, 반야삼매를 깨치면 이것이 곧 무념이니라.

무념행

- 무념법이란 모든 법을 보되 그 모든 법에 집착하지 않으며,
- 모든 곳에 두루하되 그 모든 곳에 집착치 않고 항상 자기의 성품을 깨끗이 하여 여섯 도적들로 하여금 여섯 문으로 달려나가게 하나 육진 속을 떠나지도 않고 물들지도 않아서 오고 감에 자유로운 것이다.
- 이것이 곧 반야삼매이며 자재해탈이니 무념행이라고 이름하느니라.

돈법

- 온갖 사물을 생각하지 않음으로써 항상 생각이 끊어지도록 하지 말라. 이는 곧 법에 묶임이니 곧 변견이라고 하느니라.
- 무념법을 깨친 이는 만법에 다 통달하고,
- 무념법을 깨친 이는 모든 부처의 경계를 보며,
- 무념의 돈법을 깨친 이는 부처의 지위에 이르느니라."

깨어있음으로 행복한

해탈과 편안으로 뛰어난 삶으로 이끄는

육조단경 강의(21강)

정명 김 성 규

통섭불교원

내 생애 최고의 안식처

18. 죄를 없앰(滅罪)

- 만약 견해가 같지 않거나 뜻과 원이 없다면 곳곳마다 망령되이 선전하여 저 앞사람을 손상케 하지 말라. 마침내 이익이 없느니라.
- 만약 만나는 사람이 알지 못하여 이 법문을 업신여기면 백겁 만겁토록 부처의 종자를 끊게 되리라."
- 선지식들아, 나의 '무상송[無相頌]'을 들으라. 너희 미혹한 사람들의 죄를 없앨 것이니 또한 '죄를 없애는 게송[滅罪頌]'이라고 하느니라."

집에 귀한 손님을 맞이할 때

1. 청소, 집안 정돈 ----->(개경)
   본인도 깨끗하게, 단정하게
2. 부처님이나 손님의 공덕및 업적을 찬탄, 칭찬 ---->
   (계청) 초청자에 대한 소개및 설명
3. 법을 청하거나 손님을 맞이 함 -----> (다라니)
   본론에 해당
4. 평가 (참회, 반성) ------> (참회)
- 강조하기 위하여 다른 내용을 보충 ====> (준제주)
   (공덕과 성불)

5. 계획 (발원) ------> (발원)

어느 학인스님이야기

잣 수확 때 운력으로 잣을 따다가 나무에서 떨어져 죽음
1. 배가 고파 어머니를 만나러 감. 반가워 누나를 만짐. 누나가 열이나고 아픔. 어머니가 보리밥과 풋나물을 된장국에 풀어 시퍼런 칼로 잡귀야 물러가라 함.
2. 젊은 남녀가 화려한 옷을 입고 놀면서 유혹
3. 예쁘장하게 생긴 여인이 유혹
4. 사냥꾼들이 노루고기를 구워 먹으며 놀고 있으면서 같이 놀자 함
5. 스님들이 염불하면서 한명은 은행나무 바리때, 한명은 제경행상

깨어나서 찾아 가보니

- ---> 1. 밥을 바리때에 풀어서 버림
- ---> 5. 은행나무 바리때, 제경행상
- ---> 4. 큰 벌집
- ---> 3. 뱀 한 마리
- ---> 2. 비단 개구리

무상송

어리석은 사람은 도를 닦지 않고 복을 구하면서
복을 닦음이 곧 도라고 말한다.
보시 공양하는 복이 끝이 없으나
마음 속 삼업은 원래대로 남아 있도다.
만약 복을 닦아 죄를 없애고자 하여도
다음 세상에 복은 얻으나 죄가 따르지 않겠는가.
만약 마음 속에서 죄의 반연 없앨 줄 안다면
저마다 자기 성품 속의 참된 참회니라.
만약 대승의 참된 참회를 깨치면
삿됨을 없애고 바름을 행하여 죄 없어지리,
도를 배우는 사람이 능히 스스로 보면
곧 깨친 사람과 더불어 같도다.

오조께서 이 단박 깨치는 가르침을 전하심은
배우는 사람이 같은 한 몸 되기를 바라서이다.
만약 장차 본래의 몸을 찾고자 한다면
삼독의 나쁜 인연을 마음 속에서 씻어 버려라.
힘써 도를 닦아 허송하며 지내지 말라.
어느덧 헛되이 지나 한 세상 끝나게 된다.
만약 대승의 단박 깨치는 법을 만났거든
정성들여 합장하고 지극한 마음으로 구하라.

진참회

- 죄무자성종심기 심약멸시죄역망
- 罪無自性從心起 心若滅時罪亦亡

- 죄와업은 자성없어 마음따라 일어난것
- 마음한번 쉬고나면 죄도또한 사라지네

- 유마경에서 유마가 우바리에게
  죄가 생기는 것은 간접의 원인인 인연 때문이며 죄 자체는 없다.

19. 공 덕 (功 德)

- 육조대사께서 위사군에게 말씀하셨다.
- "의심이 있거든 물어라. 어찌 두 번 세 번 물을 필요가 있겠는가."
- "제자가 듣자오니 달마대사께서 양무제를 교화하실 때, 양무제가 달마대사께 묻기를,
- '짐이 한평생 동안 절을 짓고 보시를 하며 공양을 올렸는데 공덕이 얼마나 큽니까?'라고
- "실로 공덕은 없으니, 사군은 달마대사의 말씀을 의심하지 말라. 무제가 삿된 길에 집착하여 바른 법을 모른 것이니라."

위사군의 질문

- "어찌하여 공덕이 없습니까?"
- 육조대사께서 말씀하셨다.
- "절을 짓고 보시하며 공양을 올리는 것은 다만 복을 닦는 것이다. 복을 공덕이라고 하지는 말라. 공덕은 법신에 있고 복밭에 있지 않느니라.
- 자기의 법성에 공덕이 있나니,
- 견성이 곧 공(功)이요,
- 평등하고 곧음이 곧 덕(德)이니라.

육조의 답

- 생각마다 덕을 행하고 마음이 평등하여 곧으면 공덕이 곧 가볍지 않느니라.
- 그러므로 항상 공경하고
- 스스로 몸을 닦는 것이 곧 공(功)이요,
- 스스로 마음을 닦는 것이 곧 덕(德)이니라.
- 공덕은 자기의 마음으로 짓는 것이다. 이같이 복과 공덕이 다르거늘 무제가 바른 이치를 알지 못한 것이요, 달마대사께 허물 있는 것이 아니니라."

깨어있음으로 행복한
해탈과 편안으로 뛰어난 삶으로 이끄는
육조단경 강의(22강)

정명 김 성 규

통섭불교원

20. 서방극락

- 위사군이 예배하고 또 물었다.
- "제자가 보니 스님과 도교인과 속인들이 항상 아미타불을 생각 하면서 서쪽 나라에 가서 나기를 바랍니다. 청컨대 대사께서는 말씀해 주십시오. 그곳에 날 수가 있습니까?
- "사군은 들어라. 세존께서 사위국에 계시면서 서방정토로 인도하기 위하여 교화해 말씀하셨다. 경에 분명히 말씀하기를 '여기서 멀지 않다'고 하였다."

서방극락(西方)

- 사람에는 자연히 두 가지가 있으나 법은 그렇지 않다. 미혹함과 깨달음이 달라서 견해에 더디고 빠름이 있을 뿐이다.
- 미혹한 사람은 염불하여 저곳에 나려고 하지만 깨친 사람은 스스로 그 마음을 깨끗이 한다.
- 그러므로 부처님께서 '그 마음을 깨끗함을 따라서 부처의 땅도 깨끗하다'고 말씀하셨다.
- 사군아, 동쪽 사람일지라도 다만 마음이 깨끗하면 죄가 없고,
- 서쪽 사람일지라도 마음이 깨끗하지 않으면 허물이 있는 것이다.

십악과 팔사

- 십악(十惡)을 제거하면 곧 십만리를 가고, 팔사(八邪)가 없으면 곧 팔천리를 지난 것이다. 다만 곧은 마음을 행하면 도달하는 것은 손가락 퉁기는 것과 같은 것이다.
- 사군아, 다만 십선(十善)을 행하라. 어찌 새삼스럽게 왕생하기를 바랄 것인가. 십악의 마음을 끊지 못하면 어느 부처가 와서 맞이하겠는가.
- 만약 남(生)이 없는 돈법(頓法)을 깨치면 서방정토를 찰나에 볼 것이요, 만약 돈교의 큰 가르침을 깨치지 못하면 염불을 하여도 왕생할 길이 멀거니, 어떻게 도달 하겠는가."

살생중죄금일참회 투도중죄금일참회
殺生重罪今日懺悔 偷盜重罪今日懺悔
사음중죄금일참회
邪淫重罪今日懺悔

망어중죄금일참회 기어중죄금일참회
妄語重罪今日懺悔 綺語重罪今日懺悔
양설중죄금일참회 악구중죄금일참회
兩舌重罪今日懺悔 惡口重罪今日懺悔

탐애중죄금일참회 진에중죄금일참회
貪愛重罪今日懺悔 瞋恚重罪今日懺悔
치암중죄금일참회
痴暗重罪今日懺悔

팔정 ←-→ 팔사

- **정견**正見
- **정사** 正思
- **정어**正語
- **정업**正業
- **정명**正命
- **정정진**正精進
- **정념**正念
- **정정**正定

육문

- 대중은 정신 차리고 들어라. 세상 사람의 자기 색신은 성(城)이요. 눈·귀·코·혀·몸은 곧 성의 문이니 밖으로 다섯 문이 있고 안으로 뜻의 문이 있다.
- 마음은 곧 땅이요 성품은 곧 왕(王)이니 성품이 있으면 왕이 있고 성품이 가면 왕은 없느니라. 성품이 있으면 몸과 마음이 있고 성품이 가면 몸과 마음이 무너지게 된다.
- 부처는 자기의 성품이 지은 것이니, 몸 밖에서 구하지 말라.
- 자기의 성품이 미혹하면 부처가 곧 중생이요 자기의 성품이 깨달으면 중생이 곧 부처니라.

육문상방자금광

아미타불재하방(阿彌陀佛在何方)
아미타불은 어디에 계시는가
착득심두절막망(着得心頭切莫忘)
마음에 간직하여 잊지 말 것이니
염도념궁무념처(念到念窮無念處)
생각하고 생각해서 생각이 없는 곳에 이르면
육문상방자금광(六門常放紫金光)
육문에서 항상 금색 광명이 난다.

자비는 관음이요

- 자비는 관음이요, 희사는 세지이며, 깨끗함은 석가요, 평등하고 곧음은 미륵이다.
- 인상과 아상은 수미산이며, 삿된 마음은 큰 바다이며, 번뇌는 파랑이며, 독한 마음은 악한 용이며, 괴로움은 고기와 자라며, 허망함은 귀신이며, 삼독은 지옥이며, 어리석음은 짐승이다.
- 십선은 곧 천당이다. 인상과 아상이 없으면 수미산이 저절로 거꾸러지고, 삿된 마음을 없애면 바닷물이 마르며, 번뇌가 없으면 파랑이 없어지고, 독해(毒害)를 제거하면 고기와 용이 없어지게 된다.

내외명철이 서방정토

- 자기의 마음이 땅 위에 깨달은 성품[覺性]의 부처가 큰 지혜를 놓아서 그 광명이 비추어 여섯 문이 청정하게 되고 욕계의 모든 여섯 하늘들을 비추어 부수고, 아래로 비추어 삼독을 제거하면 지옥이 일시에 사라지고 안팎으로 사무쳐 밝으면 서쪽 나라와 다르지 않다.
- 그러므로 이 수행을 닦지 아니하고 어찌 피안(彼岸)에 이르겠는가."

깨어있음으로 행복한
해탈과 편안으로 뛰어난 삶으로 이끄는
육조단경 강의(23강)

정명 김 성 규

통섭불교원

21. 수 행(修 行)

- 선지식들아, 만약 수행하기를 바란다면 세속에서도 가능한 것이니, 절에 있다고만 되는 것이 아니다. 절에 있으면서 닦지 않으면 서쪽 나라 사람의 마음이 악함과 같고, 세속에 있으면서 수행하면 동쪽 나라 사람이 착함을 닦는 것과 같다. 오직 바라건대, 자기 스스로 깨끗함을 닦아라. 그러면 이것이 곧 서쪽 나라이니라."
- 위사군이 물었다.
- "화상(和尙)이시여, 세속에 있으면서는 어떻게 닦습니까? 원하오니 가르쳐 주소서."

무상송

설법도 통달하고 마음도 통달하고 보니
해가 허공에 떠오름과 같으며
오직 돈교의 법만을 전하여
세상에 나와 삿된 가르침을 부수도다. ⟹ 설법과 마음 공부

가르침에는 돈(頓)과 점(漸)이 없으나
미혹함과 깨침에 더디고 빠름이 있나니
만약 돈교의 법을 배우면
어리석은 사람이라도 미혹하지 않느니라. ⟹ 돈교의 법

설명하면 비록 일만 가지이나
그 낱낱을 합하면 다시 하나로 돌아오나니
번뇌의 어두운 집 속에서
항상 지혜의 해가 떠오르게 하라. ⟹ 지혜의 해 → 관조

삿됨은 번뇌를 인연하여 오고
바름[正]이 오면 번뇌가 없어지나니
삿됨과 바름을 다 버리면
깨끗하여 남음 없음에 이르도다. ⟹ 본래 성품

보리는 본래 깨끗하나
마음을 일으키는 것이 곧 망상이라
깨끗한 성품이 망념 가운데 있으니
오직 바르기만 하면 세 가지의 장애를 없애도다. ⟹ 바름

만약 세간에서 도를 닦드라도
모든 것이 다 방해롭지 않으니
항상 허물을 드러내어 자기에게 있도록 하면
도와 더불어 서로 합하도다. ⟹ 허물을 드러내도록

형상이 있는 것에는 스스로 도가 있거늘
도를 떠나 따로 도를 찾는지라
도를 찾아도 도를 보지 못하나니
필경은 도리어 스스로 고뇌하도다. ⟹ 형상이 있는 것에 도가 있다

만약 애써 도를 찾고자 할진대는
행동의 바름이 곧 도이니
스스로에게 만약 바른 마음이 없으면
어둠 속을 감이라 도를 보지 못하느니라. ⟹ 바른 행위

세가지 장애

- 탐
- 진
- 치
- 만
- 의
- 견

만약 참으로 도를 닦는 사람이라면
세간의 어리석음을 보지 않나니
만약 세간의 잘못을 보면
자기의 잘못이라 도리어 허물이로다.

남의 잘못은 나의 죄과요
나의 잘못은 스스로 죄 있음이니
오직 스스로 잘못된 생각을 버리고
번뇌를 쳐부수어 버리도다.

만약 어리석은 사람을 교화하고자 하면
모름지기 방편이 있어야 하니
저로 하여금 의심을 깨뜨리게 하지 말라.
이는 곧 보리가 나타남이로다. ⟹ 방편

법은 원래 세간에 있어서
세간에서 세간을 벗어나나니
세간을 떠나지 말며
밖에서 출세간(出世間)의 법을 구하지 말라.

삿된 견해가 세간이요
바른 견해는 세간을 벗어남이니
삿됨과 바름을 다 물리치면
보리의 성품이 완연하리로다.

이는 다만 단박 깨치는 가르침이며
대승이라 이름하나니
미혹하면 수많은 세월을 지나나
깨치면 잠깐 사이로다.

수행일지

<여여> 2010년
인연에 감사합니다..
수행일지를 작성한 후 수행점검을 맡고 싶습니다.
어떤 방법이 있는지 알려주십시오.

이곳으로 들어와서 점검을 맡는 것인지 아니면 교수님의 메일에 수행일지를 적어 보내드려야 하는지요?
부처님 되십시오.
여여 합장

<정명>
좋은 인연입니다. 반갑습니다.
여기에 수행일지를 적으시면 됩니다. 본인 밖에 볼 수 없습니다. 참선과 기도는 비공개, 교리는 공개를 원칙으로 하고 있습니다. 부처님의 자비가...

<여여>
부처님과 스승님께 삼배 올립니다..
호흡관찰을 하며 수를 헤아리며 3차례 반복하다보면 수 헤아리는 것을 놓아버리고 호흡이 잦아들어 고요하게 됩니다. 호흡을 관찰하며 호흡조차 점점 약해져 버리고 호흡을 멈춘듯 고요해집니다.
숨을 멈추면 죽는다는 생각이 올라와서 다시 호흡을 해봅니다.
호흡을 하고 있습니다. 생각이 올라온 것을 늦게 알고 어리석음을 알게 됩니다.
귀에 동맥혈이 뛰는 소리가 거치게 들리다가 잦아듭니다.
호흡이 고요하여 몸도 마음도 평안하여 편안함에 머물러 봅니다.
어느 듯 눈이 감겨 버리고 눈앞에 희고 빛나는 촛점이 나타납니다. 촛점을 따라가 보니 촛점은 앞을 향해 곡선의 터널을 빠져나가듯 끝없이 달려 나갑니다. 무지하게 빠른 속도로 앞으로 가고 촛점이 지나간 터널속의 벽은 고기비늘같기도 하고 대국꽃잎 같기도하며 반짝거리며 빛이 나기도 합니다.
촛점을 따라가보다가 지루해져서 제 자리로 돌아옵니다..
호흡이 미세하고 몸을 살펴보니 손의 감각도 없고 엉덩이의 촉감만 느껴집니다..
무엇을 해야 하나? 우왕좌왕하다가....
쿤달리니각성을 위해서 차크라를 열기 위해 랑 방 황 양 ....
허리가 곧게 펴지고 목부위에서 머리위로 찌릿찌릿한 전류가 올라와서 빠져 나가버리고 시원해집니다..
척추를 따라 전류가 자꾸 올라옵니다...
어떻게 생각하며 무엇을 해야할지 가르쳐주십시오..여여 합장()()()

** 교수님의 가르치심에 따라 100일을 작정하고 아침에는
108참회와 천수경과 지장경을 한품씩 독송 한지 꼭 한달이
됩니다. 지장경을 마치고 수행을 하려고 앉아보면 절을 한 뒤
라 피곤해서 20분을 채우지 못하고 앉아서 졸아버립니다.
저녁으로 참선을 한시간씩 해보기로 하였습니다.
한시간씩 하다가 몸이 조복되면 점점 늘여가려고 합니다.

**몇달전에 큰아들을 장가보내었더니 마음의 여유가 없어서..
점안식때 동참을 못해서 참 죄송하게 생각합니다.
매달 10만원씩 3년간 입금을 하겠습니다..어느 계좌로 입금하
여야 할지 잘 모르겠습니다..홈페이는 "이사금"님 계좌가 올
라와 있는데 이곳으로 입금을 해도 될지..아니면 ...관세음 월
간지에 나오는 계좌로 입금을 해야하는지요?
100강 불교대 특강 여유분이 있으시면 구입하고자 합니다..

<정명>
부처님의 자비광명이 본인에게도 가정에도 충만하시기를 기원합니다.
호흡을 통한 알아차림 공부를 하셨네요.
어떤 공부든 부처되는 공부는 처음도 사성제고 마지막도 사성제입니다.
들숨을 쉬며 들숨을 쉰다고 알아차리고, 날숨을 쉬면서 날숨을 쉰다고
알아차리는 것은
(1)무엇 때문에 알아차리라고 할까요? 부처되는데 어떤 이득이 있을 까
요?
(2) 알아차림은 무엇을 특징으로 할까요?
너무나 잘 알것 같지만 한번 생각해보세요. 수요일 강의 하면서 답을
할테니, 여여께서 생각한 답과 맞는지 비교해 보시기를 ...

100강 대특강 우리 선방에 있으니 구입이 가능합니다.
100강 대특강의 유식부분을 먼저 보세요. 유식을 잘 이해하시면 위빠
사나도 공부하기가 쉽습니다.

우주의 모든 기운이 열리는 3시부터 5시까지가 참선수행 하기에 가장
좋은 시간입니다. 참선과 108배 하는 것을 바꾸어서 하면 어떨까요?

<여여>
스승님께
삼배 합장올립니다.000
가르치심대로 몸을 잘 다스려서 참선하는 시간을 바꾸겠습니다...
어제 오늘은 마음이 행복하여 들떠 있습니다.
이 행복감은 2가지 이유일 뿐 입니다.
하나는 며느리가 뱃속의 아이 초음파 동영상을 찍어 왔습니다.
12주가 되었는데 손가락을 빨기도 하고 탯줄을 만지작거리며 놀고, 기지개를 켜
기도 하는 모습을 보니
신기하고 너무 귀엽습니다.(우리 때는 이런 사진 못보았어요)
또 하나는 수행을 해서 지복감이 드는 것은 아닐까? 하는 생각이 듭니다.
가슴속에서 행복감이 마구 뻗어서 나오는 것 같습니다.
제가 아침에 출근해서 만나는 사람들에게
"행복하세요. 제가 오늘 너무 행복하니까 행복을 나누어 드립니다" 라고 인사를
드리고 다녔습니다.
사람들이 왜 행복하냐고 묻기에
"우리 손주가 생겼답니다" 라고 대답을 할 밖에요...
어머니에게도 행복을 드리는 기도를 하면서 울기도 하였습니다.
언제 바뀔지 모르는 무상한 감정이라서 ...이 들뜸을 갈아 앉혀야 겠는데..이 행복
감을 놓치고 싶지 않는 마음도 있습니다.
교수님께서 내어주신 숙제를 사유하고 수요일 답을 맞추어보겠습니다..
교수님 ...행복하십시오. ㅎㅎ
2010. 11. 23 여여 합장()()()

어제 퇴근길에 북한에서 연평도포탄 사건을 듣고 마음이 아팠습니다.
넘치던 행복감이 이 일로 얌전하고 조신해졌어요.
오늘 새벽 3시에 일어나 창문열고 이불개고 세수하고 들어와서
참선하고(1시간 30분) ⇒ 차크라 명상하고(50분) ⇒ 백팔배하고 ⇒ 경 읽
고 ⇒ 할것 다 할수 있었습니다.
맑고 맑은 기운으로 졸지않고 집중할 수 있었습니다.
저의 건강의 비결이 잠을 푹자는 것이어서, 어느 듯 습이 되어 잠을 좋아
하고 몸을 아끼다보니
감히 새벽 3시에 일어나 수행한다는 것은 할 수 없는 일이라 여겼는데...
스승님 가르치심에 할 수 있겠다는 자신감이 듭니다.
당분간은 컨디션 관리를 잘해서 모든 에너지를 수행하는데 전념을 하려
고 합니다..
하다가 나태해지고 힘들어하면 도와주십시오..
수행을 하기 전에 우주에 가득하신 불보살과 역대선지식님께 깨달음을
달라는 기도를 먼저 하였습니다.
때로는 관세음보살님을 청하여 제 정수리위에 모셔놓고 수행을 하면 가
피를 입는 것 같습니다.
차크라 명상을 하는 것은 건강에 도움이 되기 위해서 하고 있는데....
-이런 저의 행위가 잘못 된 것은 아닌지 여쭈어봅니다.-

가부좌를 함에 있어서 왼쪽 발목이 --높은 구두를 너무 오래 신어서--기
형이 와서 왼쪽발을 위로 놓으면 통증이 심합니다. 왼쪽 발을 위로 올려
놓았더니 통증이 심해서 통증의 변화를 알아차리며 통증이 잦아들면 호
흡관찰을 하였습니다. 50분간 버티다가 결국 다리를 바꾸고 30분간 참선
을 더 하였습니다.
주신 숙제를 사유하여 제나름대로 답을 썼습니다.

(1)무엇 때문에 알아차리라고 할까요? 부처되는데 어떤 이득이 있을 까요?
과거는 지나가서 없고 미래는 오지 않아서 없는 것이며, 현재만 있으나
현재도 영원하지 않으니 끝없이 변화해 가는 과정을 보며 무상과 무아를
관찰하기 위해서 알아차림을 하는 것입니다.
과거와 미래의 허상에서 집착을 놓으며 업을 짓지 않기 위함입니다.

(2) 알아차림은 무엇을 특징으로 할까요?
알아차림은 지금 이순간 변화하는 대상에 (몸 마음 법)집중하는 것이 특
징입니다.

정답은 오후에 듣겠습니다.
오늘 하루도 행복하십시오
2010. 11.24 여여 합장()()()

<정명>
손주에게 무한한 축복이 있기를, 부처님의 가피가 있으시기
를...
3시에 일어나심에 축하드립니다. 그런 마음이라면 이몸이 멸
할 때까지 수행할 수 있겠습니다.

어떠한 형태로 명상을 하든 하는 것 만큼 이득은 있습니다.
업이 없어지면 몸은 그냥 좋아집니다. 전생의 업으로 굳어진
상태로 몸에 나타나 있다면 (암 등) 과보를 받을 수 밖에 없
습니다. 최소화는 할 수 있습니다.
명상을 하면서 우주의 중심이 밖에 있는 것보다 단전에 있는
것이 더 효과적입니다. 깨달음의 가피는 외부의 불보살님에
게 있는 것이 아니라 선정에 드는 순간 일어나게 됩니다. 이
제까지 했던 공부를 긍정하고 받아드리면서 참선 쪽으로 이
동하면 좋을 것 같습니다. 참선은 위빠사나와 사마타가 동시
에 이루어지는 명상법입니다.

<여여>
예..감사합니다()()()..
잡다하게 주어들어서 분별없이 헤메고 있습니다. 점검해주시는 말씀을 받으니 꽉막힌 답답함이 뻥 뚫리는 것 같습니다. 우주의 중심을 단전에 두고 어제의 가르침대로 호흡관찰을 하겠습니다..

두리뭉실하지 않게 하기 위해 여쭙습니다.
수식관을 하면서 몸에 대한 마음지킴만 계속된다면 그것만 하다가 느낌에 대한 마음지킴으로 저절로 넘어가면 넘어가는대로 수행하면 되는지요?
아니면 32가지(신수심법의 각 4단계)를 외워서 순서대로 익혀야 하는지요? 잠시 수행해보니까 이런 구체적인 방법은 처음이라서 한 가지에 머물러서 넘어가질 않았습니다.

어쨋거나 스승님~~
바른 가르침을 주셔서 너무 감사하고 행복합니다.*^^*
하던것 접어두고 초발심으로 돌아가서 차곡차곡 올라가보겠습니다..
부처님 되시옵소서.

2010. 11. 25 . 여여 드림

숙제 : 희와 락에 대한 사유

희: 깨달음으로 인하여 몸과 마음으로 느끼는 행복과 기쁨 즐거움등으로 인연이 다하면 사라질수 있다
락 : 깨달음으로 오는 선정상태의 고요함과 평안함으로 구경각에 이르러면 깨달은 자가 스스로 놓아버린다.

<정명>
부처님의 자비가..
몸에 대한 마음지킴만 연습하시면 됩니다.
희와 락은 좀더 많이 생각하시고.

깨달은 자가 스스로 놓아버린다에서 무엇을 놓을까요?

2년 전에 능행스님께서 하시는 호스피스 교육을 받고. 그동안 언양에서 춤therpy 명상도 참석해보았고, 만트라 명상법에 참석하였는데 그때는 수 억겁의 전생을 보았습니다.
전생 어느 때인지, 대장군이었는데 전쟁을 하며 너무 살생을 많이 한 과보로 끝없이 동물로 윤회하면서 고통을 받았고-저의 수억겁의 전생(사람으로 산 행적을 거의 찾을 수가 없었어요)을 알고 난뒤에 수행적을 하지 않을 수 없는 -윤회의 고리를 끊어야 하겠다는 발심도 생겼습니다.
오늘 새벽에는 일어나서 반을 졸고 반은 앉아서 화두를 들었습니다.
졸고 있는 제자신이 하도 한심하여 호되게 나무라니 잠이 확 달아나더니..어느새 몸을 못이기고 졸게 됩니다.
습이 되지 않아서 몸을 조복받는데 시간이 걸릴 것이라 여겨집니다.
제게 맞는 방법은 어느 때이든 여유있는 시간에 앉아서 수행하는 것이 좋겠지만 .... 시간을 정하라고 하셨습니다.
몸에 대한 마음지킴 호흡법에서
온 우주의 맑고 수승한 기운을 들이마시겠노라고 익히고
내안의 맑은 기운 자비와 사랑을 우주 끝까지 보내며 내쉬겠노라고 익히는 호흡법을 하노라니
행복함과 희열로 가득함이 느껴집니다.
내가 우주에 자비와 사랑을 준다는 그 마음가짐이 이렇게 행복을 가져다 주는 것임을 깨달았습니다.
" 만법귀일 일귀하처 "
주신 화두를 의심하면서 매달려보겠습니다.
알듯하면서도 엄청 어렵습니다...

<정명>
부처님의 자비가 충만하시기를...
54강 유가행파부터 59강까지 들으시면 되겠습니다.
몸뚱이가 반기를 들었군요. 푸대접하면 안됩니다.
환자에 대한 연민과 고마운 마음은 알겠습니다. 복수가 차기 시작하면 오래 못갑니다. 의사의 소견이 필요할 것 같습니다. 좋은 경험을 하였군요.

본인의 살생과보를 인정하니 공부하기가 수월하겠습니다. 또한 과보는 전생의 일. 이 현생의 나의 생각이 전생의 살생의 과보도 만들고, 내가 베풀어준 보시의 공덕도 만들어 냅니다. 나의 생각 속에는 지옥부터 부처까지 다 들어있습니다. 일념돈탕진. 전생의 어떠한 것도 생각하지마시고 그냥 공부하면 됩니다. 그냥 공부만 하면 됩니다.

<여여>
감사합니다( )()()
살짝 허덕이는데 ...스승님 말씀에 용기가 솟습니다...
늦은 나이이나마 부처님의 법안에 살게 된 것만으로도 감사하고 감사할 일입니다.
제 좁은 소견에도 아기엄마가 오래 못가실 것 같아서 성의껏 해드리고 싶은 마음입니다. 저도 2003년도에 병이 있어서 수술을 받았고-김수정박사님께-부처님의 가피로 건강하게 잘 살고 있으니 얼마나 고마운 일인지요. 몸 잃고 나면 그곳엔 어떤 것이 있을까요? 불생불멸의 법문을 말씀 해 주실 때 눈앞이 확 열리는 듯 하였습니다. 죽음이란 몸을 바꾸는 것일 뿐이로구나 문득 두려움이 사라지는듯 느껴졌습니다....
스승님의 가르치심 대로 전생은 전생일뿐...오직 공부 할뿐입니다..
일귀하처는 불래 불거이며 그대로 그자리 인듯 합니다...

<정명>
여여님의 아픈 부분을 얘기해 주시어 감사합니다. 무한한 자비가 충만하시기를.
정말 감사하고 감사한 마음으로.. 몸이 아팠기 때문에 한 생 수행 잘 하고 갈 수 있는 인연이 되었음에..
아직도 가슴에 남아 있는 아집과 짜증들을 되돌아 보시기를 ...
나는 다 버린 것 같은데 불씨만 있어도 다시 불이 붙듯, 화두 들고 공부하다 보면 좋은 결과가 있을 것입니다.

깨어있음으로 행복한
해탈과 편안으로 뛰어난 삶으로 이끄는
육조단경 강의(24강)

정명 김 성 규

통섭불교원

우리는 연결된 세상에 살고 잇습니다. 흩어져 있는 존재나 정보를 서로 엮어 보면 새로운 관점이 열립니다.
정하웅 카이스트 교수

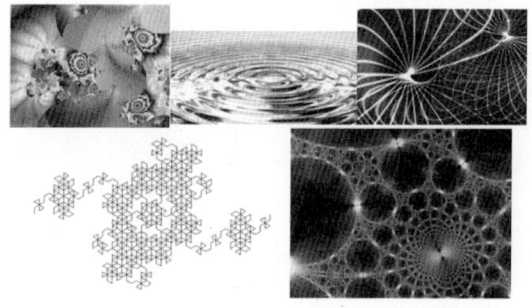

22. 교화를 행하심(行化)

- 선지식들아, 너희들은 다들 이 게송을 외워 가져라. 이 게송을 의지하여 수행을 하면 천리를 혜능과 떨어져 있더라도 항상 혜능의 곁에 있는 것이요, 이를 수행하지 않으면 얼굴을 마주하여도 천리를 떨어져 있는 것이다. 각각 스스로 수행하면 법을 서로 지님이 아니겠느냐.
- 여러 사람들은 그만 흩어져라. 혜능은 조계산으로 돌아가리라. 만약 대중 가운데 큰 의심이 있거든 저 산으로 오너라. 너희를 위하여 의심을 부수어 같이 부처의 성품을 보게 하리라."

교화

- 대사께서 조계산으로 가시어 소주·광주 두 고을에서 교화 하기를 사십여 년이었다.
- 만약 문인을 말한다면 스님과 속인이 삼오천(三五千) 명이라 이루 다 말할 수 없으며,
- 만약 종지를 말한다면「단경」을 전수하여 이로써 의지하여 믿음을 삼게 하셨다.
- 만약「단경」을 얻지 못하면 곧 법을 이어받지 못한 것이다.
- 그러므로 오로지 법을 얻은 사람에게만 돈교법의 수행함을 권하라. 다툼은 이기고 지는 마음이니 도와는 어긋나는 것이다.

남양혜충

- 육조를 찾아 깨달음에 얻음에 대한 기록은 남아 있지 않음.
- 당 숙종의 추대로 국사로 추존 되었으나 한번도 내려오지 않음.
- 박애산에서 40년을 보냄.

청원행사

행사가 광동으로 가서 6조혜능을 친견하자 6조가 물었다.
「그대는 여태껏 무엇을 했던고?」

행사가 대답하기를
「부처님의 말씀도 행하지 않았읍니다.」[성제역불위!]

육조는 다시 묻기를
「어느 단계에 떨어졌는고?」

행사가 말하기를
「진리도 따르지 않았는데, 무슨 단계가 있겠읍니까?」 하였다.

노릉의 쌀값

- 그가 청원에서 설법할 때에 어떤 스님이 「무엇이 불법의 대의입니까?」라고 묻자,
- 행사는 「노릉의 쌀값은 얼마인고?」라고 대답하였다.

- 황룡혜남선사
- 노릉의 쌀값은 해마다 달라지는데,
- 길에서 듣고 허투이 전하면 다 옳지는 않다.
- 대의는 갈래길에서 물어서는 안되고,
- 높고 낮음은 마땅히 본래 사람을 만나야 된다.

영가현각

혜능이 주석하고 있던 보림사로 와서 혜능을 처음 뵌 현각은 혜능의 주위를 세 바퀴 돈다. 그러자, 혜능이 그를 보고 묻기를,
"승(僧)이라면, 삼천가지 존엄과 팔만가지 계율을 갖춰야 하는 법, 어디서 왔길래 그리 오만하고 무례하냐?"
"사람의 생사란 단지 호흡지간이요, 만물의 변화는 몹시도 빠르거늘, 전 그 토록 많은 것을 돌볼 수가 없습니다."
"생사가 걱정된다면, 어찌 불생불멸(不生不滅)의 도를 취해 번뇌를 없애지 않는가?
"대도(大道)란 본래 불생불멸이요, 만물도 본래는 늦고 빠름을 이야기 할 수 없는 것입니다."
이에 혜능은 손뼉을 치며 칭찬하며,
"옳도다! 옳도다! 그대의 견해가 참으로 옳구나!"
혜능에게서 인가를 받은 현각은 일어서며 하직을 고하자, 혜능은 그를 잡았다.

영가현각

"어찌 그리 총망하게 가려느냐?"
"저는 움직여 본일이 없는데 어이 총망이 있겠습니까?"
"움직인 적이 없다는 것을 누가 알겠는가?"
"그것은 대사께서 스스로 낳은 분별(分別)이요. 관념(觀念)입니다."
"무생(無生)의 의미를 완전히 터득하였는가?"
"이왕 무생이라면 또 무슨 의미를 들추겠습니까?"
"무생에 의미가 없다면 어이 그것을 분별할 수 있겠는가?"
"이미 무생이어늘 분별 또한 무슨 의미이겠습니까?"
그러자 혜능은 현각의 손을 잡고
"여기서 하룻밤을 머물고 내일 떠나거라."
이에 현각은 보림사에서 하룻밤을 묵었다.
그래서 사람들은 현각을 일러서 "일숙각 (一宿覺)" 이라고 하였다.

증도가

- 君不見, 絶學無爲閑道人, 不除妄想不求眞

- 그대는 보지 못하는가
- 배움이 끊어진 할 일없는 한가한 도인은
- 망상도 없애려 하지 않고 진리도 구하지 않는다

남악회양

- 육조를 찾아감
- "어떤 한 물건이 왔는가?"

하택신회

- 유일한 육조의 문하
- 중국 선불교를 남북으로 나눔.
- 남종선 --- 육조혜능
- 북종선 --- 신수

23. 단박에 닦음 (頓 修)

- 어떤 것을 '점(漸)'과 '돈(頓)'이라고 하는가?
- 법은 한 가지로되 견해에 더디고 빠름이 있기 때문이다.
- 견해가 더딘 즉 '점'이요 견해가 빠른 즉 '돈'이다.
- 법에는 '점'과 '돈'이 없으나 사람에게는 영리함과 우둔함이 있는 까닭으로 '점'과 '돈'이라고 이름 한 것이다.

지성스님을 혜능에게 보냄

- 신수스님은 드디어 문인 지성스님을 불러 말하였다.
- "너는 총명하고 지혜가 많으니, 나를 위하여 조계산으로 가라. 가서 혜능스님의 처소에 이르러 예배하고 듣기만 하되, 내가 보내서 왔다 하지 말라. 들은 대로 그 뜻을 기억하여 돌아와서 나에게 말하여라. 그래서 혜능스님의 견해와 나와, 누가 빠르고 더딘지를 보게 하여라. 너는 첫째로 빨리 오너라. 그래서 나로 하여금 괴이하게 여기지 않도록 하라."

지성이 깨침

- 지성은 기쁘게 분부를 받들어 반달쯤 걸려서 조계산에 도달하였다. 그는 혜능스님을 뵙고 예배하여 법문을 들었으나 온 곳을 말하지 않았다. 지성은 법문을 듣고 그 말끝에 문득 깨달아 곧 본래의 마음에 계합하였다. 그는 일어서서 예배하고 스스로 말하였다.
- "스님이시여, 제자는 옥천사에서 왔습니다. 신수스님 밑에서는 깨치지 못하였으나 스님의 법문을 듣고 문득 본래의 마음에 계합하였습니다. 스님께서는 자비로써 가르쳐 주시기 바라옵니다."

혜능과 지성

- 혜능대사께서 말씀하셨다.
- "네가 거기에서 왔다면 마땅히 염탐꾼이렸다!"
- 지성이 말하였다.
- "말을 하기 이전에는 그렇습니다만, 말씀을 드렸으니 이미 아니옵니다."
- 육조대사께서 말씀하셨다.
- "번뇌가 곧 보리임도 또한 이와 같으니라."
 "내가 들으니 너의 스님이 사람을 가르치기를 오직 계·정·혜를 전한다고 하는데, 너의 스님이 사람들에게 가르치는 계·정·혜는 어떤 것인가? 마땅히 나를 위해 말해 보라."

계 정 혜

- 신수스님은 계·정·혜를 말하기를
- '모든 악을 짓지 않는 것을 계라고 하고,
- 모든 선을 받들어 행하는 것을 혜라고 하며,
- 스스로 그 뜻을 깨끗이 하는 것을 정이라고 한다.
- 이것이 곧 계·정·혜이다'고 합니다.
- "너는 나의 말을 듣고서 나의 소견을 보라.
- 마음의 땅에 그릇됨이 없는 것이 자성의 계요,
- 마음의 땅에 어지러움이 없는 것이 자성의 정이요,
- 마음의 땅에 어리석음이 없는 것이 자성의 혜이니라."

근기

- "너의 계·정·혜는 작은 근기의 사람에게 권하는 것이요,
- 나의 계·정·혜는 높은 근기의 사람에게 권하는 것이다.
- 자기의 성품을 깨치면 또한 계·정·혜도 세우지 않느니라."
- 지성이 여쭈었다.
- "스님께서 세우지 않는다고 말씀하시는 뜻은 어떤 것입니까?"
- "자기의 성품은 그릇됨도 없고 어지러움도 없으며 어리석음도 없다. 생각 생각마다 지혜로 관조하여 항상 법의 모양을 떠났는데, 무엇을 세우겠는가. 자기의 성품을 단박 닦으라. 세우면 점차가 있으니 그러므로 세우지 않느니라."

깨어있음으로 행복한
해탈과 편안으로 뛰어난 삶으로 이끄는
육조단경 강의(25강)

정명 김 성 규

통섭불교원

24. 부처님의 행(佛行)

- 경에 대한 의심이 있습니다. 스님의 지혜가 넓고 크시니 의심을 풀어 주시기 바랍니다."
- 대사께서 말씀하셨다.
- "법달아, 법은 제법 통달하였으나 너의 마음은 통달하지 못하였구나. 경 자체에는 의심이 없거늘 너의 마음이 스스로 의심하고 있다. 네 마음이 스스로 삿되면서 바른 법을 구하는구나.
- 나의 마음 바른 정(定)이 곧 경전을 지니고 읽는 것이다. 나는 한평생 동안 문자를 모른다. 너는 「법화경」을 가지고 와서 나를 마주하여 한 편[一遍]을 읽으라. 내가 들으면 곧 알 것이니라."

일대사인연

- 법달아, 「법화경」에는 많은 말이 없다. 일곱 권이 모두 비유와 인연이니라. 부처님께서 널리 삼승을 말씀하심은 다만 세상의 근기가 둔한 사람을 위함이다.
- 경 가운데서 분명히 '다른 승(乘)이 있지 아니하고 오로지 한 불승(佛乘)뿐이라'고 하셨느니라."
- 대사께서 말씀하셨다.
- "법달아, 너는 일불승을 듣고서 이불승을 구하여 너의 자성을 미혹하게 하지 말라. 경 가운데서 어느 곳이 일불승인지를 너에게 말하리라.
- 경에 말씀하기를
- '모든 부처님·세존께서는 오직 일대사 인연(一大事因緣) 때문에 세상에 나타나셨다'고 하셨다.

공

- 이 법을 어떻게 알며 이 법을 어떻게 닦을 것인가?
- 너는 나의 말을 들어라.
- 사람의 마음이 생각을 하지 않으면 본래의 근원이 비고 고요하여 삿된 견해를 떠난다. 이것이 곧 일대사인연이니라.
- 안팎이 미혹하지 않으면 곧 양변(兩邊)을 떠난다.
- 밖으로 미혹하면 모양에 집착하고
- 안으로 미혹하면 공(空)에 집착한다.
- 모양에서 모양을 떠나고 공에서 공을 떠나는 것이 곧 미혹하지 않는 것이다. 그러므로 이 법을 깨달아 한 생각에 마음이 열리면 세상에 나타나는 것이니라.

부처의 지견

- 마음에 무엇을 여는가?
- 부처님의 지견을 여는 것이다. 부처님은 깨달음이니라.
- 네 문으로 나뉘나니,
- 깨달음의 지견을 여는 것과
- 깨달음의 지견을 보이는 것과
- 깨달음의 지견을 깨침과
- 깨달음의 지견에 들어가는 것이니라.
- 열고[開] 보이고[示] 깨닫고[悟] 들어감[入]은 한 곳으로부터 들어가는 것이다.
- 곧 깨달음의 지견으로 자기의 본래 성품을 보는 것이 곧 세상에 나오는 것이니라."

법화경

- 법달아, 마음으로 행하면「법화경」을 굴리고 마음으로 행하지 않으면「법화경」에 굴리게 되나니,
- 마음이 바르면「법화경」을 굴리고
- 마음이 삿되면「법화경」에 굴리게 되느니라.
- 부처님의 지견을 열면「법화경」을 굴리고
- 중생의 지견을 열면「법화경」에 굴리게 되느니라."
- 대사께서 말씀하셨다.
- "힘써 법대로 수행하면 이것이 곧 경을 굴리는 것이니라."

25. 예배하고 법을 물음(參 請)

- 지상이 스님께 여쭈었다.
- "부처님은 삼승을 말씀하시고 또 최상승을 말씀하셨습니다. 제자는 알지 못하겠사오니 가르쳐 주시기 바랍니다."
- "너는 자신의 마음으로 보고 바깥 법의 모양에 집착하지 말라. 원래 사승법이란 없느니라. 사람의 마음이 스스로 네 가지로 나누어 법에 사승이 있을 뿐이다.

25. 예배하고 법을 물음(參 請)

- 보고 듣고 읽고 욈은 소승이요, 법을 깨쳐 뜻을 앎은 중승이며, 법을 의지하여 수행함은 대승이요,
- 일만 가지 법을 다 통달하고 일만 가지 행을 갖추어 일체를 떠남이 없되 오직 법의 모양을 떠나고 짓되, 얻는 바가 없는 것이 최상승이니라.
- 승(乘)은 행한다는 뜻이요 입으로 다투는 것에 있지 않다. 너는 모름지기 스스로 닦고 나에게 묻지 말라."

신회의 물음

- 이름을 신회라고 하였으며 남양사람이다. 조계산에 와서 예배하고 물었다.
- "스님은 좌선하시면서 보십니까, 보지 않으십니까?"
- 대사께서 일어나서 신회를 세 차례 때리시고 다시 신회에게 물었다.
- "내가 너를 때렸다. 아프냐, 아프지 않느냐?"
- 신회가 대답하였다.
- "아프기도 하고 아프지 않기도 합니다."
- 육조스님께서 말씀하셨다.
- "나는 보기도 하고 보지 않기도 하느니라."
- 신회가 여쭈었다.
- "스님은 어째서 보기도 하고 보지 않기도 하십니까?"

신회

- "내가 본다고 하는 것은 항상 나의 허물을 보는 것이다. 그러므로 본다고 말한다. 보지 않는다고 하는 것은 하늘과 땅, 사람의 허물과 죄를 보지 않는 것이다. 그 까닭에 보기도 하고 보지 않기도 하느니라. 네가 아프기도 하고 아프지 않기도 하다 했는데 어떤 것이냐?"
- "만약 아프지 않다고 하면 곧 무정인 나무와 돌과 같고, 아프다 하면 곧 범부와 같아서 이내 원한을 일으킬 것입니다."
- 대사께서 말씀하셨다.
- "신회야, 앞에서 본다고 한 것과 보지 않는다고 한 것은 양변(兩邊)이요, 아프고 아프지 않음은 생멸이니라. 너는 자성을 보지도 못하면서 감히 와서 사람을 희롱하려 드는가?"

신회 육조의 제자가 됨

- "네 마음이 미혹하여 보지 못하면 선지식에게 물어서 길을 찾아라. 마음을 깨우쳐 스스로 보게 되면 법을 의지하여 수행하라. 네가 스스로 미혹하여 자기 마음을 보지 못하면서 도리어 와서 혜능의 보고 보지 않음을 묻느냐?
- 내가 보는 것은 내 스스로 아는 것이라 너의 미혹함을 대신할 수 없느니라. 만약 네가 스스로 본다면 나의 미혹함을 대신하겠느냐? 어찌 스스로 닦지 아니하고 나의 보고 보지 않음을 묻느냐?"
- 신회가 절하고 바로 문인이 되어 조계산중을 떠나지 않고 항상 좌우에서 모셨다.

깨어있음으로 행복한

해탈과 편안으로 뛰어난 삶으로 이끄는

육조단경 강의(26강)

정명 김 성 규

통섭불교원

26. 상대법 (對法)

- 대사께서 드디어 문인 법해, 지성, 법달, 지상, 지통, 지철, 지도, 법진, 법여, 신회 등을 불렀다.
- 삼과의 법문[三科法門]을 들고 동용삼십육대(動用三十六對)를 들어서 나오고 들어감에 곧 양변을 여의도록 하여라.
- 모든 법을 설하되 성품과 모양을 떠나지 말라. 만약 사람들이 법을 묻거든 말을 다 쌍(雙)으로 해서 모두 대법(對法)을 취하여라. 가고 오는 것이 서로 인연하여 구경에는 두 가지 법을 다 없애고 다시 가는 곳마저 없게 하라.

삼과법문이란 음(陰)·계(界)·입(入)이다.
음은 오음(五陰)이요
계는 십팔계(十八界)요
입은 십이입(十二入)이니라.
어떤 것을 오음이라고 하는가?
    색음·수음·상음·행음·식음이니라.
어떤 것을 십팔계라고 하는가?
    육진(六塵)·육문(六門)·육식(六識)이니라.
어떤 것을 십이입(十二入)이라고 하는가?
    바깥의 육진과 안의 육문이니라.
어떤 것을 육진이라고 하는가?
    색·성·향·미·촉·법이니라.
어떤 것을 육문이라고 하는가?
    안이비설신의, 눈·귀·코·혀·몸·뜻이니라.

법의 성품이 육식인 안식·이식·비식·설식·신식·의식의 육식과 육문과 육진을 일으키고 자성은 만법을 포함하나니, 함장식(含藏識)이라고 이름하느니라.
생각을 하면 곧 식(識)이 작용하여 육식이 생겨 육문으로 나와 육진을 본다. 이것이 삼(三)·육(六)은 십팔(十八)이니라.
자성이 삿되기 때문에 열여덟 가지 삿됨이 일어나고, 자성이 바름[正]을 포함하면 열여덟 가지 바름이 일어나느니라.
악의 작용을 지니면 곧 중생이요, 선이 작용하면 곧 부처이니라.
 작용들은 무엇들로 말미암는가? 자성의 대법으로 말미암느니라.

바깥 경계인 무정(無情)에 다섯 대법이 있으니,
하늘과 땅이 상대요,
해와 달이 상대이며,
어둠과 밝음이 상대이며,
음과 양이 상대이며,
물과 불이 상대 이니라.

논란하는 말[語]과 직언하는 말[言]의 대법과, 법과 형상의 대법에 열두 가지가 있다.
유위와 무위, 유색과 무색이 상대이며,
유상과 무상이 상대이며,
유루와 무루가 상대이며,
현상[色]과 공이 상대이며,
움직임과 고요함이 상대이며,
맑음과 흐림이 상대이며,
범(凡)과 성(聖)이 상대이며,
승(僧)과 속이 상대이며,
늙음과 젊음이 상대이며,
큼과 작음이 상대이며,
김[長]과 짧음이 상대이며,
높음과 낮음이 상대이니라.

자성을 일으켜 작용하는 대법에 열 아홉 가지가 있다.
삿됨과 바름이 상대요,
어리석음과 지혜가 상대이며,
미련함과 슬기로움이 상대요,
어지러움과 선정이 상대이며,
실(實)과 허(虛)가 상대이며,
험함과 평탄함이 상대이며,
번뇌와 보리가 상대이며,
사랑과 해침이 상대이며,
기쁨과 성냄이 상대이며,
버림과 아낌이 상대이며,
나아감과 물러남이 상대이며,
남(生)과 없어짐(滅)이 상대이며,
항상함과 덧없음이 상대이며,
법신과 색신이 상대이며,
화신과 보신이 상대이며,
본체와 작용이 상대이며,
성품과 모양이 상대이니라.

유정·무정의 대법인 어(語)·언(言)과 법(法)·상(相)에 열두 가지 대법이 있고, 바깥 경계인 무정에 다섯 가지 대법이 있으며, 자성이 일으켜 작용하는 데 열아홉 가지의 대법이 있어서 모두 서른여섯 가지 대법을 이루니라. 이 삼십육 대법을 알아서 쓰면 일체의 경전에 통하여 출입에 곧 양변을 떠난다.
어떻게 자성이 기용(起用)하는가?
삼십 육 대법은 사람의 언어와 더불어 함께 하나 밖으로 나와서는 모양에서 모양을 떠나고,
안으로 들어와서는 공(空)에서 공을 떠나나니,
공에 집착하면 오직 무명만 기르고
모양에 집착하면 오직 사견만 기르느니라.

법을 비방하면서 말하기를 '문자는 쓰지 않는다.'라고 한다.
그러나 이미 문자를 쓰지 않는다고 말할진대는 사람이 말하지도 않아야만 옳을 것이다. 언어가 곧 문자이기 때문이다.
자성에 대해서 공(空)을 말하나 바른 말로 말하면 본래의 성품은 공하지 않으니 미혹하여 스스로 현혹됨은 말들이 삿된 까닭이니라.
어둠이 스스로 어둡지 아니하나 밝음 때문에 어두운 것이다.
어둠이 스스로 어둡지 아니하나 밝음으로써 변화하여 어둡고,
어둠으로써 밝음이 나타나니, 오고감이 서로 인연한 것이다. 삼십 육 대법도 또한 이와 같으니라."

깨어있음으로 행복한
해탈과 편안으로 뛰어난 삶으로 이끄는
육조단경 강의(27강)

정명 김 성 규

통섭불교원

마시멜로 이야기

- 마시멜로 실험
- 1966년 스탠퍼드대학원 심리학과 학생이던 월터 미셸은 네 살짜리 유치원생들을 대상으로 실험
- 아이에게 먹음직스러운 마시멜로를 하나 주면서 15분 간 먹지 않고 갖고 있으면 마시멜로를 하나 더 주겠다고 약속
- 15년간의 행동발달 상황을 추적

27. 참됨과 거짓(眞 假)

- 대사께서는 선천 이년 팔월 삼일에 돌아가셨다.
- 칠월 팔 일에 문인들을 불러 고별하시고, 선천 원년에 신주 국은사에 탑을 만들고 선천 이년 칠월에 이르러 작별을 고하였다.
- 대사께서 말씀하였다.
- "너희들은 앞으로 가까이 오너라. 나는 팔월이 되면 세상을 떠나고자 하니 너희들은 의심이 있거든 빨리 물어라. 너희들을 위하여 의심을 부수어 마땅히 미혹을 다 없애어 너희들로 하여금 안락하게 하리라. 내가 떠난 뒤에는 너희들을 가르쳐 줄 사람이 없으리라."

"어린 신회는 도리어 좋고 나쁜 것에 대하여 평등함을 얻어 헐뜯고 칭찬함에 움직이지 않으나, 나머지 사람들은 그렇지 못하구나. 그렇다면 여러 해 동안 산중에서 무슨 도를 닦았는가?
너희가 지금 슬퍼 우는 것은 또 누구를 위함인가?
나의 가는 곳을 너희가 몰라서 근심하는 것인가?
만약 내가 가는 곳을 모른다면 어떻게 너희에게 고별하겠느냐? 너희들이 슬피 우는 것은 곧 나의 가는 곳을 몰라서이다. 만약 가는 곳을 안다면 곧 슬피 울지 않으리라.
자성의 본체는 남도 없고 없어짐도 없으며 감도 없고 옴도 없느니라.
너희들은 다 앉거라. 내 너희들에게 한 게송을 주노니, 진가동정게(眞假動靜偈)'이다. 너희들이 다 외워 이 게송의 뜻을 알면 너희는 나와 더불어 같을 것이다. 이것을 의지하여 수행해서 종지를 잃지 말라."

모든 것에 진실이 없으니
진실로 보려고 하지 말라.   =➔ 개시허망 약견제상비상 즉견여래
만약 진실을 본다 해도
그 보는 것은 다 진실이 아니다.

만약 능히 자기에게 진실이 있다면   =➔ 정직이 공부의 출발이자 목적점
거짓을 떠나는 것이 곧 마음의 진실이다.
자기의 마음이 거짓을 여의지 않아 진실이 없으니,
어느 곳에 진실이 있겠는가?

유정은 곧 움직일 줄을 알고
무정은 움직이지 않으니   =➔ 유정과 무정
만약 움직이지 않는 행을 닦는다면   소동파, 유정설법
무정의 움직이지 않음과 같다.

만약 참으로 움직이지 않음을 본다면
움직임 위에 움직이지 않음이 있으니,
움직이지 않음이 움직이지 않음이면
뜻도 없고 부처의 씨앗도 없다.

능히 모양을 잘 분별하되
첫째 뜻은 움직이지 않는다.
만약 깨쳐서 이 견해를 지으면
이것이 곧 진여의 말씀이니라.

모든 도를 배우는 이에게 말하노니
모름지기 힘써 뜻을 써서
대승의 문에서
도리어 생사의 지혜에 집착하지 말라.

앞의 사람이 서로 응하면
곧 함께 부처님 말씀을 의논하려니와
만약 실제로 서로 응하지 않으면
합장하여 환희케 하라.

이 가르침은 본래 다툼이 없음이라
다투고 나면 도의 뜻을 잃으리오.
미혹함에 집착하여 법문을 다투면
자성이 생사에 들어가느니라.

=➔ 곧은 나무는 곧은 대로
굽은 나무는 굽은 대로

28. 게송을 전함(傳 偈)

- "큰스님이시여, 큰스님께서 가신 뒤에 가사와 법을 마땅히 누구에게 부촉하시겠습니까?"
- 대사께서 말씀하였다.
- "법은 전하여 마쳤으니 너희는 모름지기 묻지 말라. 내가 떠난 뒤 이십여 년에 삿된 법이 요란하니 나의 종지를 혹란케 할 것이다. 그러나 어떤 사람이 나와서 몸과 목숨을 아끼지 않고 불교의 옳고 그름을 결정하여 종지를 세우리니, 이것이 곧 나의 바른 법이다. 그러므로 가사를 전하는 것은 옳지 않다.
- 너희가 믿지 않을진대 내가 선대의 다섯 분 조사께서 가사를 전하고 법을 부촉하신 게송을 외워 주리라.
- 제 일조 달마조사의 게송의 뜻에 의거하면 곧 가사를 전하는 것은 옳지 않다. 잘 들어라. 내가 너희를 위하여 외우리라."

제 일조 달마

- 내 본시 당나라에 와서
- 부처님 가르침을 전하여
- 미혹한 중생을 구하니
- 한 꽃에 다섯 잎이 열리어
- 그 결과가 자연히 이루어지다.

제 이조 혜가

- 본래 땅이 있는 까닭에
- 땅으로부터 씨앗 꽃 피나니,
- 만약 본래 땅이 없다면
- 꽃이 어느 곳으로부터 피어나리오.

제 삼조 승찬

- 꽃씨가 비록 땅을 인연하여
- 땅 위에 씨앗 꽃을 피우나,
- 꽃씨는 나는 성품이 없나니
- 땅에도 또한 남이 없도다.

제 사조 도신

- 꽃씨에 나는 성품 있어
- 땅을 인연하여 씨앗 꽃이 피나,
- 앞의 인연이 화합하지 않으면
- 모든 것이 다 나지 않도다.

제 오조 홍인

- 유정이 와서 씨를 뿌리니
- 무정이 꽃을 피우고
- 정도 없고 씨앗도 없나니
- 마음 땅에 또한 남이 없도다.

제 육조 혜능

- 마음의 땅이 뜻의 씨앗을 머금으니
- 법의 비가 꽃을 피운다.
- 스스로 꽃 뜻의 씨앗을 깨달으니
- 보리의 열매가 스스로 이루도다.

첫째 게송에 말씀하셨다.

마음 땅에 삿된 꽃이 피니
다섯 잎이 뿌리를 좇아 따르고
함께 무명의 업을 지어
업의 바람에 나부낌을 보는도다.

둘째 게송에 말씀하셨다.

마음 땅에 바른 꽃이 피니
다섯 잎이 뿌리를 좇아 따르고,
함께 반야의 지혜를 닦으니
장차 오실 부처님의 깨달음이로다.

깨어있음으로 행복한
해탈과 편안으로 뛰어난 삶으로 이끄는
육조단경 강의(28강)

정명 김 성 규

통섭불교원

29. 법을 전한 계통(傳 統)

- 법해가 여쭈었다.
- "이 돈교법의 전수는 옛부터 지금까지 몇 대입니까?"
- 혜능대사께서 말씀하였다.
- "처음은 일곱 부처님으로부터 전수되었으니,
- 석가모니불은 그 일곱째이다.
- 가섭 제팔(1),
- 아난 제구(2),
- 상나화수 제십(3),
- 우바국다 제십일(4), 말전지,
- 제다가 제십이(5),
- 미차가 제십삼(6),
- 바수밀 제십사(7),
- 불타난제 제십오(8),
- 복타밀다 제십육(9),

과거 칠불

비바시불(毘婆尸佛).
시기불(尸棄佛).
비사부불 (毘舍浮佛)의 세 부처님은
과거 장엄겁(莊嚴劫)의 부처님이고,

구류손불(拘留孫佛).
구나함모니불(拘那含牟尼佛).
가섭불(迦葉佛).
석가모니불(釋迦牟尼佛)

협존자 제십칠(10),
부나야사 제십팔(11),
마명 제십구(12),
가비마라 제이십(13),
용수 제이십일(14),
가나제바 제이십이(15),
라후라다 제이십삼(16),
승가난제 제이십사(17),
가야사다 제이십오(18),
구마라다 제이십육(19),
사야다 제이십칠(20),
바수반두 제이십팔(21),
마나라 제이십구(22),
학륵나 제삼십(23),
사자존자 제삼십일(24),
바사사다 제삼십이(25),
불여밀다 제삼십삼(26),
반야밀다 제삼십사(27),
남천축국 왕자 셋째 아들 보리달마 제삼십오(28),
당나라스님 혜가 제삼십육,(29),
승찬 제삼십칠,(30),
도신 제삼십팔,(31),
홍인 제삼십구,(32),
나 혜능이 지금 법을 받은 것은 제사십대니라.(33),

전법의 정통성

- 사자상승의 방법
  1. 전법의 계승
  2. 교단의 계승

- 전불 시대와 부처님을 같이 계승에 넣음

불교의 서북 진출

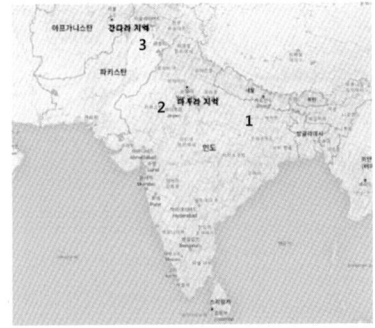

1 → 사리, 불탑
2 → 자타카
3 → 불상

불교의 전파 과정

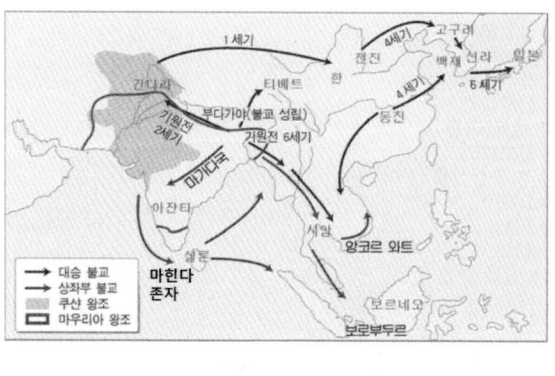

가섭

- 부처님의 삼처 전심
- 영산회상 염화미소
- 다자탑전 반분좌
- 사라쌍수 유관족출

아난

- 아난이 가섭에게 불법을 물음
- 무엇이 불법입니까?
- 절 앞에 있는 찰간을 쓰러뜨려라.

마명

- 대승기신론은 전통적으로 인도의 마명 보살(馬鳴菩薩, 아슈바고샤, Aśvaghoṣa: c. 100-160)이 기원후 2세기에 저술한 것으로 여겨지고 있다.
- 붓다차리타

용수

- 용수(龍樹: 150?-250?)는 중관(中觀 · Madhyamaka)을 주창한 인도의 불교 승려이다.
- 원래 이름은 나가르주나(산스크리트어: नागार्जुन, Nāgārjuna)이나 뜻을 따라 한역되면서 용수로 알려졌다.

바수반두

- 바수반두(Vasubandhu, 世親, 세친)은 316 - 396년 경의 인도의 불교 사상가
- 아비달마구사론
- 유식이십론
- 유식삼십송

구사론의 전설

- 설일체유부 --- 카쉬미르국
- 유부의 성전 <대비바사론> 200권

- 바샤수바드라의 이야기
- 아요디야(중인도 북쪽)국의 법사
- 카쉬미르국에 잡입하여 12년 동안 배움
- 세번 탈출 시도 – 신들에게 걸림
- 네번째 탈출 성공 --<대비바사론>이 세상에 알려짐

깨어있음으로 행복한
해탈과 편안으로 뛰어난 삶으로 이끄는
육조단경 강의(29강)

정 명 김 성 규

통섭불교원

수행자 공간

두 스님이 목숨을 걸고 열심히 수행하고 있었다.
그런데 어느 날 마을 처녀가 나물 캐다가 깊은 산중 까지 오게 되었다.

30. 참 부처(眞 佛)

- 너희들은 들어라. 뒷세상의 미혹한 사람이 중생을 알면 곧 능히 부처를 볼 것이다. 만약 중생을 알지 못하면 만겁토록 부처를 찾아도 보지 못하리라.
- 내가 지금 너희로 하여금 중생을 알아 부처를 보게 하려고 다시 '참 부처를 보는 해탈의 노래[見眞佛解脫頌]'를 남기니, 미혹하면 부처를 보지 못하고 깨친 이는 곧 보느니라."
- "만약 뒷세상 사람들이 부처를 찾고자 할진대는 오직 자기 마음의 중생을 알라. 그러면 곧 능히 부처를 알게 되는 것이니, 곧 중생의 있음을 인연하기 때문에, 중생을 떠나서는 부처의 마음이 없느니라."

미혹하면 부처가 중생이요
깨치면 중생이 부처이며

우치하면 부처가 중생이요
지혜로우면 중생이 부처이니라.

마음이 험악하면 부처가 중생이요
마음이 평등하면 중생이 부처이니

한 평생 마음이 험악하면
부처가 중생 속에 있도다.

만약 한 생각 깨쳐 평등하면
곧 중생이 스스로 부처이니

내 마음에 스스로 부처가 있음이라
자기 부처가 참 부처이니

만약 자기에게 부처의 마음이 없다면
어느 곳을 향하여 부처를 구하리오.

진여의 깨끗한 성품이 참 부처요
삿된 견해의 삼독이 곧 참 마군(魔軍)이니라.
삿된 생각 가진 사람은 마군이 집에 있고,
바른 생각 가진 사람은 부처가 곧 찾아 오는도다.

성품 가운데서 삿된 생각인 삼독이 나나니,
곧 마왕이 와서 집에 살고
바른 생각이 삼독의 마음을 스스로 없애면
마군이 변하여 부처되나니, 참되어 거짓이 없도다.

화신과 보신과 정신이여,
세 몸이 원래로 한 몸이니
만약 자신(自身)에게서 스스로 보는 것을 찾는다면
곧 부처님의 깨달음을 성취하는 씨앗이니라.

본래 화신으로부터 깨끗한 성품 나는지라,
깨끗한 성품은 항상 화신 속에 있고
성품이 화신으로 하여금 바른 길을 행하게 하면
장차 원만하여 참됨이 다함 없도다.

음욕의 성품은 본래 몸의 깨끗한 씨앗이니,
음욕을 없애고는 깨끗한 성품의 몸이 없다.
다만 성품 가운데 있는 다섯 가지 욕심을 스스로 여의면
찰나에 성품을 보나니, 그것이 곧 참[眞]이로다.

치
수면욕

만약 금생에 돈교의 법문을 깨치면
곧 눈앞에 세존을 보려니와
만약 수행하여 부처를 찾는다고 할진대는
어느 곳에서 참됨을 구해야 할지 모르는도다.

탐
식욕, 물욕

만약 몸 가운데 스스로 참됨 있다면
그 참됨 있음이 곧 성불하는 씨앗이니라.
스스로 참됨을 구하지 않고 밖으로 부처를 찾으면,
가서 찾음이 모두가 크게 어리석은 사람이로다.

진
색욕, 명예욕

돈교의 법문을 이제 남겼나니
세상 사람을 구제하고 모름지기 스스로 닦아라.
이제 세간의 도를 배우는 이에게 알리노니,
이에 의지하지 않으면 크게 부질없으리로다.

31. 멸 도(滅 度)

- 너희들은 잘 있거라. 이제 너희들과 작별하리라. 내가 떠난 뒤에 세상의 인정으로 슬피 울거나, 사람들의 조문과 돈과 비단을 받지 말며, 상복을 입지 말라. 성인의 법이 아니면 나의 제자가 아니니라.
- 내가 살아 있던 날과 한 가지로 일시에 단정히 앉아서 움직임도 없고 고요함도 없으며, 남도 없고 없어짐도 없으며, 감도 없고 옴도 없으며, 옳음도 없고 그름도 없으며, 머무름도 없고 감도 없어서 탄연히 적정하면 이것이 도니라.

멸 도(滅 度)

- 내가 떠난 뒤에 오직 법에 의지하여 수행하면 내가 있던 날과 한 가지일 것이나, 내가 만약 세상에 있더라도 너희가 가르치는 법을 어기면 내가 있은들 이익이 없느니라."
- 대사께서 이 말씀을 마치시고 밤 삼경에 이르러 문득 돌아가시니, 대사의 춘추는 일흔 여섯이었다.

멸도

- 대사께서 돌아가신 날, 절 안은 기이한 향내가 가득하여 여러날이 지나도 흩어지지 않았고, 산이 무너지고 땅이 진동하며 숲의 나무가 희게 변하고 해와 달은 광채가 없고 바람과 구름이 빛을 잃었다.
- 팔월 삼일에 돌아가시고 동짓날에 이르러 스님의 영구를 모시어 조계산에 장사지내니, 용감(龍龕) 속에서 흰빛이 나타나 곧장 하늘 위로 솟구치다가 이틀 만에 비로소 흩어졌으며,
- 소주 자사 위거는 비(碑)를 세우고 지금까지 공양하니라.

깨어있음으로 행복한
해탈과 편안으로 뛰어난 삶으로 이끄는

육조단경 강의(30강)

정명 김 성 규

통섭불교원

육조단경의 내용

머리말 序 言
I. 혜능의 행적 및 불연
1 스승을 찾아감 尋 師
2 게송을 지으라 이르심 命 偈
3 신수 神 秀
4 게송을 바침 呈 偈
5 법을 받음 受 法
5.2 보림 保 臨 ^^^^^^
II. 법문을 설함
6 정혜 定 慧
7 무념 無 念
8 좌선 坐 禪
9 삼신 三 身
10 네가지 원 四 願
11 참회 懺 悔
12 삼귀의 三 歸
13 성품이 빔 性 空
14 반야 般 若
15 근기 根 機
16 견성 見 性
17 돈오 頓 悟
18 죄멸 滅 罪
III. 법에 대한 물음 및 대답
19 공덕 功 德 (위사군이 물음)
20 서방 西 方
21 수행 修 行
22 교화를 행함 行 化 (소주와 광주에서 40년 교화)
23 단박에 닦음 頓 修 (신수와 혜능과의 관계)
24 부처님의 행 佛 行 (법달이 법화경에 대해서 물음)
25 예배하고 법을 물음 參 請 (지상과 신회가 와서 물음)
IV. 법을 전함
26 상대 법 對 法
27 참됨과 거짓 眞 假
28 게송을 전함 傳 偈
29 법을 전한 계통 傳 統
30 참 부처 眞 佛
31 멸도 滅 度
후기 後 記

최초의 설법지 ---- 광주 법성사, 머문 곳 --- 조계산 대범사

5위 100법

육조단경

- 무념無念
- 견성見性
- 삼신三身 -→ 내외명철內外明徹
- 삼귀의三歸
- 돈오頓悟

무념, 무상, 무주의 설명

- 무념: 종으로 삼고 --- 조계종, 천태종
- 무상: 본체로 삼고 --- 금강경, 묘법연화경
- 무주: 근본으로 삼고 ---
       금강경 --- 무주
           응무소주 이생기심
       묘법연화경 --- 일불승
           화삼승 귀일불

무념, 무상, 무주의 설명

- 어떤 것을 무상하다고 하는가?
- 무상이라는 것은 모양에서 모양을 떠난 것이다.
- 무념이라는 것은
- 생각에 있어서 생각하지 않는 것이며,
- 무주인 머무름이 없다고 하는 것은
- 사람의 본래 성품이 생각마다 머무르지 않는 것이다.

무념無念

- 당나라 염관스님이 있었는데 참선 납자들이 칠백명이나 되었음.
- 휘일이라는 제자가 있었음.
- 오십이 넘도록 시중만 들다가
- 어느 날 저승사자가 찾아 옴.

염념상속

- 지나간 생각과 지금의 생각과 다음의 생각이 생각생각 서로 이어져 끊어짐이 없으니 만약 한 생각이 끊어지면 법신이 곧 육신을 떠나게 된다.

- 前念今念後念 念念相續 無有絶斷 若一念斷絶 法身 卽是離色身

무주 -→ 응무소주

순간순간 생각할 때에 모든 법 위에 머무름이 없으니, 만약 한 생각이라도 머무르면 생각마다에 머무는 것이므로 얽매임이라고 하며, 모든 법 위에 순간순간 생각이 머무르지 않으면 곧 얽매임이 없는 것이다. 그러므로 머무름이 없는 것으로 근본을 삼는 것이다.

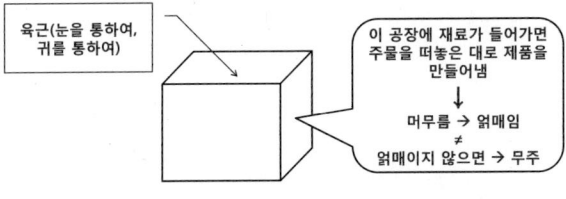

무상

밖으로 모든 모양을 여의는 것이 무상이다.
오로지 모양을 여의기만 하면 자성의 본체는 청정한 것이다. 그러므로 무상으로 본체를 삼는 것이다.

모양을 여의면 -→ 무상
≠
눈을 통하여 보는 모든 사물에 대하여 일정한 형태를 가진 (모양을 가진) 것으로 저장

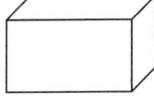 상자 안에 온갖 모양의 것이 들어 있음 → 제칠식, 말나식

무념

모양을 여의면 -→ 무상
≠
눈을 통하여 보는 모든 사물에 대하여 일정한 형태를 가진 (모양을 가진) 것으로 저장

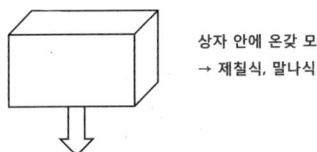 상자 안에 온갖 모양의 것이 들어 있음
→ 제칠식, 말나식

우리는 상자 안의 것을 끊임 없이 끄집어 내어 사용하고 있다.
그 모양으로 인식된 대로 사용한다. → 경계에 물듦.
≠
경계에 물들지 않으면 -→ 무념

견성

- 자신(나, 자아)와 법신
- 자신의 무거운 장애를 해결하면
- 해탈, 열반, 아라한 --- 번뇌장을 끊음으로
- 법신의 무거운 장애를 해결하면
- 보리, 깨달음 --- 소지장을 끊음으로

- ==➔ 견성, 견성성불
  (성품을 봄, 마음을 깨침)

내외명철(內外明徹)

- 안팎이 사무쳐 밝음
- 안 --- 안이비설신의
- 밖 --- 색성향미촉법
- 안팎이 사무쳐 밝다는 것은 안과 색이 하나이며, 이와 성이 하나이며, 비와 향이 하나이며, 설과 미가 하나이며, 신과 촉이 하나이며, 의와 법이 하나인 것을 아는 것이다.

- 타심통, 숙명통, 신족통

삼귀의 三歸依

- 무상삼귀의계(無相三歸依戒 : 모양 없는 삼귀의계)
- 깨달음의 양족존께 귀의하며,
- 올바름의 이욕존께 귀의하며,
- 깨끗함의 중중존께 귀의합니다.
- 歸依(불)覺兩足尊
- 歸依(법)正離欲尊
- 歸依(승)淨衆中尊
  --➔ 불교의 확대 해석
  ---➔ 불교를 세계화하는데 기여

돈오頓悟

- 나는 오조 홍인대사의 회하에서 한 번 듣자 그 말끝에 크게 깨쳐 진여의 본래 성품을 단박에 보았다.
- 이 가르침의 법을 뒷세상에 유행시켜 도를 배우는 이로 하여금 보리를 단박 깨쳐서 각기 스스로 마음을 보아 자기의 성품을 단박 깨치게 하는 것이다.
- 만약 능히 스스로 깨치지 못하는 이는 모름지기 큰 지식을 찾아서 지도를 받아 자성을 볼 것이다.

화두

- 이뭣고?
- 뜰 앞의 잣나무
- 똥막대기
- 마삼근
- 구지의 손가락

절묘한 문답

- 남전, 귀종, 마곡이 남양 혜충을 친견하러 감.
- 원상 화두에
- 귀종 --- 여자의 큰절
- 마곡 --- 원상에 정좌